艺海三人行

王振德　孙福海　姜维群　著

天津出版传媒集团

天津人民出版社

图书在版编目(CIP)数据

艺海三人行 / 王振德, 孙福海, 姜维群著. -- 天津:
天津人民出版社, 2016.10
ISBN 978-7-201-10880-3

Ⅰ.①艺… Ⅱ.①王… ②孙… ③姜… Ⅲ.①艺术家
-生平事迹-天津-现代 Ⅳ.①K825.7

中国版本图书馆 CIP 数据核字(2016)第 239443 号

艺海三人行
YIHAISANRENXING

王振德 孙福海 姜维群 著

出　　版	天津人民出版社
出 版 人	黄沛
地　　址	天津市和平区西康路 35 号康岳大厦
邮政编码	300051
邮购电话	(022)23332469
网　　址	http://www.tjrmcbs.com
电子信箱	tjrmcbs@126.com

责任编辑	张素梅
装帧设计	汤磊

印　　刷	高教社(天津)印务有限公司
经　　销	新华书店
开　　本	880×1230 毫米　1/32
印　　张	7.875
插　　页	2
字　　数	120 千字
版次印次	2016 年 10 月第 1 版　2016 年 10 月第 1 次印刷
定　　价	36.00 元

写在前面的话

姜维群

　　恰恰是三个人，在艺海中追溯，时空的或远或近，文字的或长或短，在《中老年时报》的副刊版中延续了两年多时光，赚足了读者的莞尔一笑一声叹息，抑或是追忆满怀。

　　"艺海三人行"作为报纸栏目，明显借用了圣人"三人行必有我师"的名言，也确确实实表述了笔者策划这个栏目的初衷。

　　两年多前，给报纸策划了这个栏目，得到社长、总编辑张玲的热情接纳，于是想到了美术史论家、评论家王振德教授，他不仅曾经主持编纂了国家重点学术项目《齐白石全集·诗文卷》的文字工作，而且第一次将天津画家的百年来六代"谱系"修编立论，请王振德先生在此栏目中将天津书画家轶事画风等写出来，必生动鲜活；第二位想到了原市文联党组书记、秘书长孙福海先生，他自幼学习曲艺相声，是这个行当的"百科全书"，不仅乐事趣闻了然于胸，还是第一位给沽上相声界立史立传的人，请孙福海先生以风趣诙谐的笔法抖包袱，一定能让报纸"笑起来"。

　　两位先生，很给面子，当即应允，两年多来风雨无阻，寒暑不闲，真乃一诺千金，读者至上。

　　"三人行，必有我师"，艺海三人行，必有我师，两位先生之为人之为文皆是我师长。两年多来在同一舟楫中，飘飘摇摇，领略了艺术的"沧海",领略了读者以及朋友们的情感的互通互融,领略了报纸纸质阅读依然强大的生命力。

诸艺如海,在如海的诸艺中,我们只是一叶扁舟,虽很微小,然"一滴水可映太阳",这漂泊在艺海的小舟却承载了上下三百年,记录了五六百位艺术家,虽是"三人行",却似乎也能小中见大,记微知著,补书画曲艺正史之不足也。

在这两年多时间里,不仅领略了先生们的风采,看到了编辑迟凤桐的严谨负责任,更体会到读者的热情。根据读者的要求,曾经至少把栏目延长了两次;每一次剪报展都有热心的读者将"艺海三人行"剪贴得那么整整齐齐,等待作者的签名;常常有朋友打电话,有的忍俊不禁有的拊掌称善有的感谢万分……

还有,共有五十多位篆刻家为"艺海三人行"刻治刊头印,或长或方,或圆或随形,诸体尽备流派几全,在方寸之地上如仙鹤顶上朱,如东天熹微日,给栏目画龙点睛增色颇多。在栏目成书之际,深致谢忱。文末赘诗一律,以抒情怀:

尘泯霾净帚谁持,夜雨倏来灯远迷。
炉插藏香成叠篆,砚留宿墨自凝脂。
笔耕两载读者友,艺海三人有我师。
长夏艳阳正朗照,远天蓝澈共倾卮。

2016 年 6 月 20 日

目　录

李可染拒称大师

王振德

笔者与友人拜谒可染先生时，以大师称之。可染先生神情庄重，和蔼作答："画贵自然。以童心为之，如鸣天籁，无制作气，无媚俗态，方臻至境。齐白石、黄宾虹二位先生可称大师，我能称为名家足矣。"又指着新创作的井冈山一画说："此幅笔墨力求自然，比昔日着重写生与积墨，自是两种气象。这是我新的努力，只是我年至八旬，不知能达目标否。"可染先生的认真与谦恭令人肃然起敬。

李可染独创的写生积墨山水，是在师自然、师古人、发心源和"废画三千""陈言务去"的基础上艰难完成的，是新时代山水画的典范，其艺术价值与历史价值已举世公认。

若以画贵自然而论，他在三十多岁所画的写意人物，已经大放光彩了。老舍《看画》一文评其人物画云："精神为之一振，比吃一盘白斩鸡更有滋味。"徐悲鸿在画展序言中赞其"独标新韵""遂罕先例"。

如可染先生者，早以大师形象走入世人的心灵。

王长友拼命传艺李金斗

孙福海

李金斗的师父是赵振铎，师爷是王长友。王长友在20世纪80年代得了癌症，他让李金斗帮他咨询做手术和不做手术的后果。当得知做手术能活五年、不做手术只能活三年时，他哈哈大笑,选择了不做手术。因为在他看来,他还有一件比延长生命更重要的事情需要做,就是把自己的一百多段相声录下来留给李金斗。如果做手术,一化疗就没有力气了。

于是他给自己定了一个指标,每天给李金斗录三段相声,并进行辅导。他就是这样,凭着宁可少活两年也要把相声留给后人的精神,完成了这一百多段相声的录制,之后不久便辞世了。这种拼命传艺的精神,在相声界传为佳话。

在相声业内,传艺的同时还要传授一些行话,但行话不能让外人知。下期咱讲"高英培教育女记者"。

严修联语成谶语

姜维群

严修,不仅仅是位书法家,还是民国时期对天津教育事业贡献最大的,所以在士林中、在百姓中尤有口碑。据书载,严修逝世前数月与友人在大胡同真素楼小聚,有其旧友马君,长得人高马大;有邓君身材矮小。马君席间戏谑说,我出上联"马高镫(邓)短",谁能对下联?直到夜阑席散也没人对出满意下联。正在大家起身欲离开时,严修忽曰:"吾辈可谓'人去楼空'矣。""马高镫短;人去楼空",对得天衣无缝,诸人无不拊掌称善。然而不数月先生归道山,联语成谶语。

画坛牛人

王振德

古往今来，擅画牛者甚多，现当代画牛大家以李可染为最。其画室为"师牛堂"，其自刻画印有"孺子牛""白发学童""千难一易"等。

可染画牛始于20世纪40年代，其《自述略历》云："1941年以后……我住在重庆金刚坡下农民家里，住房紧邻着牛棚。一头壮大的水牛，天天见面，牛也白天出去耕地，夜间吃草、喘气、啃蹄、蹭痒，我都听得清清楚楚。记得鲁迅曾把自己比作吃草挤奶的牛，郭沫若写过一篇《水牛赞》。世界上不少对人民有贡献的艺术家、科学家把自己比作牛。牛不仅具有终生奋进、辛勤劳动、鞠躬尽瘁的品质，它的形象也着实可爱。于是就以我的邻居作模特，开始用水墨画起牛来了。"这一画就画了近五十年，《牵牛图》《牧牛图》《渡牛图》《犟牛图》《斗牛图》《孺子牛》《九牛图》等，画法新颖独特，章法百变有余，创作累计过千，数量质量高逾常人。

可染先生爱牛、画牛，不愧画坛牛人。

高英培教育女记者

孙福海

有一次高英培与范振钰在北京演出，演出前正排练时，来了一位女记者，她不是来采访他们的，只是想问一点儿相声行话。而且这位记者还挺执着，一个劲儿问："高老师，这个吃饭行话叫什么？"

3

高英培正着急排练,于是搪塞说忘了。女记者还不依不饶:"你不可能忘,你得告诉我。"高英培这下可没办法了,调侃着说:"吃饭可能叫撤山吧。"

"撤山"其实是大便的意思,一上一下就差远了,可这女记者还现学现用。这时候马增蕙老师刚好从后台进来,女记者忙问:"马老师,您'撤山'了吗?您'撤'得好吗?您要是没'撤'好,散戏以后,咱们一块儿'撤'。"这有一块儿"撤"的吗?

相声演员经常用幽默化解尴尬,在这方面常宝华是高手,下期咱讲"常宝华给郭达'鉴宝'"。

不怕熬和不怕瞧

姜维群

大千弟子巢章甫与画家刘维良相友善,他说刘维良有"两不",即不怕熬和不怕瞧。原来刘维良民国时期家有奎升酱园,制酱油有祖法,质优"不怕熬"。刘维良擅画仕女,朋辈叫他"刘美人"。他笔下的美人巢称之曰"天生丽质愈视愈美",所以"不怕瞧"。故笔者打油一首聊发一噱:

> 奎升酱油不怕熬,
> 维良美人不怕瞧。
> 熬来熬去香味飘,
> 瞧来瞧去痒难挠。

奇峰 琪峰 其峰

王振德

　　孙其峰先生是天津美术学院终身教授，历任天津美术学院系主任、副院长、顾问等职。1920年生于山东招远。原名奇峰，曾用名琪峰，现名其峰。这三个名字，恰是其艺术生涯的三个阶段。

　　从其出生到考入北平艺专，再到调入天津从事美术教育、担任绘画系主任，直至1970年51岁以前，都用奇峰为名，且多用行楷书写。从1970年至1977年八年间，改用琪峰为名，且多用隶体书写。间有其峰题名。

　　59岁至今，一直以草书体其峰题名，自此其峰之名传布海内外。

　　据笔者所知，孙先生改换"奇峰"原名的重要原因之一，是因为古今书画家以"奇峰"为名者甚多，如明之李日华、清之徐镐、民国之高翁均以"奇峰"为字号。明清之际还有学者书法家名孙奇逢者。

　　了解上述情况，有助于对孙先生书画的鉴赏。

常宝华给郭达"鉴宝"

孙福海

　　小品演员郭达平时喜欢收藏。有一次郭达到古玩城溜达，买了一把紫砂壶，回到宾馆后，演员们便把郭达给围住了。郭达一高兴便吹上了："你们知道它的价钱吗？我太会划价了，太便宜了！这是一把名壶啊！"常宝华这时也在旁边看着郭达。

郭达说:"这个壶有一点儿脏,我得给它洗洗!"说着端过一盆水想把这个壶上的脏洗掉,洗着洗着这壶掉色,而且还弄了他两手颜色,他马上就问常宝华:"常老师,您看这是怎么回事?"

这时常宝华砸了一个挂,说:"好,便宜,太便宜了,你不但买了一把紫砂壶,你还落了一副紫砂掌!"这个包袱把郭达也给逗乐了。相声演员有许多生活中的趣事,下期咱讲"李伯祥说孟凡贵是'三陪'"。

于闲人耶 于忙人耶?

姜维群

2014 年拍卖会上,民国画家于非闇色彩艳丽、题跋瘦金体的画一路飘红,拍卖价直线上升。于非闇自取笔名叫闲人,他是记者出身,爱好广泛,2012 年山东画报出版社出版了民国时期他在报纸上连载的文章,书名为《都门四记》,讲钓鱼、艺兰、豢鸽和养蟋蟀。他爱方城之戏,常通宵达旦,爱喝酒,嗜烟斗。这么多的爱好,而且多有成绩,偏偏取名叫闲人,友人一句话评价正中肯綮,"其形迹甚忙,而心至闲"。

于非闇形迹忙,"于闲人"心至闲,做人达此境界,让人宾服。

略谈溥佐画马

王振德

爱新觉罗·溥佐教授以擅画骏马名闻天下,其画马的功力源于家学。

溥佐的父亲载瀛贝勒是相马、养马、画马的专家。他的长兄溥雪斋、五兄溥毅斋、六兄溥松窗及堂兄溥厚斋、溥心畬均擅长画马,可知爱新觉罗家族不仅是马背上的家族,也是善于画马的家族。

溥佐画马的功力还源于他对古人画马作品的临摹与研究。他出生于北京敦王府旧宅,少年时代在长春宫内府学习,对宫府历代名人画作有直接观赏和临写的机缘,练就了传统的笔墨神韵和雍容优雅的画风。

形成溥佐独特画马风貌的直接原因,是他长期在天津美术学院从事教学和创作工作。为了画出骏马的神情意态,他亲自到内蒙古大草原写生,还让其长子毓秉杰帮他拍摄了许多马的照片,经过艺术加工,不仅创作了许多工笔设色马,还创作出自树一帜的水墨写意马。

李伯祥说孟凡贵是"三陪"

孙福海

李伯祥的老搭档杜国芝故去后,临时换了孟凡贵捧哏。按行规,上场后应介绍新搭档,于是他抓了个"现挂"。

孟凡贵说:"原先是李伯祥和杜国芝,今天呢……"李伯祥马上接过话茬:"孟凡贵跟我关系也特别近,他可不是外人,是谁的徒弟呢？高英培。高英培是我的师弟，都是赵佩茹的徒弟。高英培的大徒弟苏明杰，是苏文茂的儿子。苏明杰特别崇拜高英培，有一次他跟高英培说：'我以后不叫苏明杰了，改名叫苏小培……'这时他的二师兄李嘉存过来了，说：'你看，大师兄都改名了，我也得改呀，我叫李二培。'他叫李二培了。那么三师兄是谁呢？就是孟凡贵。因此到了孟凡贵这儿，没办法，就只能改成……"

说到这儿，台下的观众也就明白了。孟凡贵马上翻："噢！我是'三陪'（三培）啊?！"

台上的"现挂"，是演员基本功是否扎实的体现。有一次，李润杰在台上忘词儿了，竟能靠"现挂"获得"满堂彩"。下篇咱讲"李润杰忘词获好"。

于非闇是三个人？

姜维群

近代作家周作人的文字被公认的好，说来好笑，他曾经以为于非闇是三个人。

周作人经常读北京《实报》上署名闲人的写市井风俗的文章；后遇一职员言谈风趣，一聊就是大半天，但仅知此人姓于；后看画展，发现一画家用色鲜丽写宋徽宗瘦金体，还能刻印，一望知是于非闇画的。最后才知道此三者乃一人。

但周作人这样说："闲人的那些市井小品真是自有他的一功。松脆隽永，没有人能及。"

及笔者翻阅于非闇的《都门四记》，真真体悟其文章的"松脆"二字了：干净利落嘎嘣脆，爽口爽目亦爽心！

再谈溥佐画马

王振德

溥佐先生画马作品大致分为两类。一类是具有宫廷风格的工笔设色马,大体是先勾勒出马的形体轮廓,然后再相势赋彩,加补背景。常画的有《大马图》《双骏图》《八骏图》《十六骏图》和《二十四骏图》等。《大马图》不画背景,只题一首古诗。两匹马以上的画多配以青绿山水和树木藤草等景物。所题古诗多为杜甫或李贺等唐人咏马诗句。

另一类是溥佐先生独创的水墨写意马。先以兰竹笔书写出马体形态,然后以写意笔法挥洒水墨于马体之内,造成洒脱典雅和水墨淋漓的艺术效果,既不同于宫廷画马的严谨工致,也不同于徐悲鸿水墨写生马的自由豪放,而独具雍容高逸的自家风骨。只是这一类创作数量有限,市面上难以见到,故而愈发珍贵。

唐代李贺诗云:"此马非凡马,房星本是星。向前敲瘦骨,犹自带铜声。"溥佐先生亦云:"物以稀为贵。"盖此之谓也。

李润杰忘词获好

孙福海

李润杰是快板书大王,也是天津的骄傲。但是,名气多么大的演员也难免在台上出现事故。

有一次,李润杰在台上演传统节目《鲁达除霸》。故事情节是:鲁达正跟史进在酒楼吃酒,突然来了一个唱曲儿的。这个唱曲儿的哭哭啼啼,鲁达问她为什么哭。唱曲儿的说:自己被一个恶霸霸占了,这个恶霸还把她的父亲杀了。台词是:"鲁达一听火往上撞,叫了一声唱曲儿的,这个恶霸他是做买,他是做卖,他是一个干什么的,你快快把名字对我提……"

唱到这儿,李润杰把词儿给忘了,于是又把这段词重新唱了一遍:"鲁达一听火往上撞,叫了一声唱曲儿的,这个恶霸他是做买,他是做卖,他是一个干什么的,你快快把名字对我提……"这时观众纳闷了,他怎么唱两遍呢?在观众刚刚有反应时,李润杰马上抓了一个"现挂",对着台下观众唱:"您要问这鲁达为什么问了两遍?他是调查研究以后再分析!"

老观众明白了。马上喊:"好!忘词后的'现挂'好!"紧接着台下就是掌声一片,在掌声中,他把词儿也想起来了。

"现挂"既体现演员的功底,也能体现演员的思想境界。有一次,常贵田台上的一个"现挂",被誉为是令中国人扬眉吐气的"现挂",下篇咱讲"常贵田高境界的'现挂'"。

最早说扇属白文贵

姜维群

说扇子的书近几年开始多了,笔者《扇骨的鉴赏与收藏》一书十二年前出版,许多人以为最早。严格讲,说扇骨,笔者书最早,说扇子,当属民国二十七年(1938)出版的《蕉窗话扇》,作者白文贵。此书虽仅3万多字,但至今说扇的书都以此书为经典,各种洋洋洒洒的论述基本都在这本书的论述中打转转。

白文贵,字彬甫,是一位军事学教授,真可谓拿着枪把子研究扇把子,而正如天津人刘潜在书序中说的:"然而富贵浮云,立言不朽,得此一篇可以寿世,彬甫亦足自豪矣。"

　　哈哈!不幸而言中。

胡擎元擅刻大印

王振德

胡擎元系广西柳州人,年臻古稀,以擅刻大印闻名海内外。所谓大印者,内涵有三:一是体积较大;二是用于大处或大单位;三是为名气大的人物所刻之印。胡君堪称名副其实。

桂林榕湖饭店的庭院内,放眼皆是擎元主持篆刻的大方石印,约有百余方。小者数十斤,大者数百斤,巨者数千斤。石料采于漓江上游,印文多是住过榕湖饭店的各国首脑和文艺界名人大腕的名章,风格多为战国秦汉式的古朴和苍拙。

擎元还为线装版的《毛泽东选集》《邓小平文选》制印,颇受国内外专家好评。他为清华大学以巨石刻制的校训"自强不息,厚德载物",已成为清华园的景观之一。2012年为中国博物馆刻制的几方图章,风格庄重,气势雄强,已经付诸应用。

擎元自幼好学,20世纪70年代拜下放广西的天津美术学院李骆公与萧朗为师,遂得此功业。

常贵田高境界的"现挂"

孙福海

常贵田1942年生于天津,是"小蘑菇"常宝堃的儿子。在他过满月的时候,马三立画了一个蘑菇,题了一行字:蘑菇喜生蘑菇丁儿。

前几年,在纪念侯宝林诞辰的演出中,常贵田上场说:"1984年侯宝林大师领着我们赴美国演出,到了美国,碰见一个外国擦皮鞋的。侯宝林说:'来!把他喊过来给我擦擦鞋。'"

常贵田心想:这可不行。为什么呢?那时候,每个演员只给50美金的零用钱。而且换汇也有严格的要求,有钱也不能随便换。怎么办呢?他便用业内行话(即"调侃")告诉侯宝林:"擦踢土""肘杵""色糖杵""嗨"。

"擦踢土"就是擦鞋,"肘杵"就是得给钱,"色糖杵"就是给外国钱,"嗨"呢?就是给钱多。

侯宝林马上翻了一句:"他连中国话都听不懂,你还跟他'调'什么'坎'啊?"

这本身就是一个"包袱儿",紧接着侯宝林又说:"今天咱中国人就得扬眉吐气,让外国人给我擦一回皮鞋!"这个"包袱儿"博得满堂的喝彩声。

"现挂"的作用多种多样,有时在观众混乱的场合,还能起到维护场内秩序的作用。下篇咱讲"苏文茂自爆'王毓宝爱他'"。

卖画的无奈与买画的禁忌

姜维群

在旧上海,买家点题画梅花禁忌很多,如梅枝自上而下不行,曰"倒霉(梅)";如画梅竹石兰在一幅上,叫"触霉十足",更不行。买虎画的人都喜欢上山虎,而不喜欢下山虎。

如今在天津,买山水画的人都要求"水头大",预兆财气旺。同时让画家画瀑布要"飞流直下",不能曲曲弯弯,否则财运是坎坎坷坷。所以许多画是"瀑布直,水面阔,漫山树草云飞过"。为迎合市场,画家颇是无奈。

齐白石的画价

王振德

齐白石虽两度兼任北平艺专教授,但不能算是学院派画家。其暮年荣任北京中国画院名誉院长不足五个月,也算不得官方画院派画家。依照齐白石自述,其终生以书画"自食其力",应该算是职业画家了,即以书画养家糊口的务实派书画家。

记得笔者随国画启蒙老师惠夷之赴京拜访白石老人,问其画价为何不如陈半丁、胡佩衡等人时,老人答笑:"我的三平尺画,要让公职人员花半个月工资可以买到手。画价要高了,我怎么养家糊口呢?我可以跟别人比画的好丑,不想跟别人比画价高低。"夷之先生称赞白石老人不愧为人民的艺术家。

回想齐白石 70 岁自订润格为"花卉字幅,二尺十圆,三尺十五圆,四尺二十圆"等,也都是让人们买得起的价格,走的是亲民路线。今日国内外书画市场,齐白石真迹卖到了百千万元乃至亿元天价,怕是老人生前未能预料的。

苏文茂自曝"王毓宝爱他"

孙福海

在王毓宝 80 岁生日的庆贺活动中,来的都是行内人,大家见面相互寒暄,没人听台上讲话。到苏文茂上场了,怎么办呢?

苏文茂说:"我给大家说一个秘密,王毓宝她爱我!"这一句话,会场马上安静下来了。这可了不得,王毓宝的儿子、儿媳妇都在,苏文茂的老伴也在,还有许多记者,能开这个玩笑吗?

这时苏文茂才开始入活："我跟王毓宝俩人，是从小到大一直没有离开。现在我们还在一个单位。她有一个哥哥，是谁呢，比她大三岁叫王殿英，是魔术大师。我比王毓宝又小三岁，有这样的一句话叫'疼兄爱弟'，她疼她的兄长，也爱我这个兄弟……"

哦，这么个爱啊！他使了个"偷梁换柱"。这个"包袱儿"还没有结束，他接着使，"这个'女大三，抱金砖'。你看王毓宝比我大三岁，她可没'抱金砖'。我叫'女大三，抱回来个金唱片'！"

哟，这是什么"包袱儿"呢？这是王毓宝刚获得了一个"金唱片奖"。这个奖也了不得，当时曲艺界前有马三立，后有骆玉笙，紧接着就是王毓宝。所以他说"女大三，抱回来一个'金唱片'"。

这时台下是一片掌声，大家说："苏文茂太有才了！"

"现挂"有时还能处理棘手问题、保护自己。下篇咱讲"张寿臣'现挂'讽刺无良记者"。

名人多字印趣味多

姜维群

名人骚客书家画家常用闲章，钤在书画上以表志趣襟抱，或显示身分。康有为书法上常钤有一印："维新百日出亡十六年三周大地游遍四洲经三十一国行六十万里"。共 27 字，把自己的游历大大炫耀了一番。

郑板桥有一方印专说自家功名："康熙秀才雍正举人乾隆进士。"

柳亚子有一方印 10 个字的闲章却惹来一场大祸："兄事斯大林，弟蓄毛泽东。"此印在"文革"中成了一大罪状。

臧克琪的"双甲指书"

王振德

臧克琪,别署紫玉山人,斋号梦心草堂,世居天津。自幼受叔父臧颀启蒙,钟情于汉字、书法和国画。后随龚望、寇梦碧、王学仲、李鹤年、张牧石等人学汉字、书法、诗词,随梁崎、孙其峰等人学意笔国画,并追溯明清各家,遂视野开阔,诗文书画齐头并进。50岁后苦练指画指书,研究秦篆汉隶,皆获益颇丰。

近两年,克琪集中精力钻研甲骨文字,集甲骨文字楹联过百幅,更以指甲书写成幅,坚硬的指甲与龟甲兽骨的质感类似,所写文字与古代甲骨的味道相近,故称之为"双甲指书"。运用指甲写甲骨文字,且将其提升至书法高度,当是臧克琪对当今书坛的一个创造,其中的巧妙与节奏韵味,非毛笔所能取代,确实别开蹊径。

梁启超《志未酬》云:"男儿志兮天下事,但有进兮不可止。"克琪君允称有志者矣。

张寿臣"现挂"讽刺无良记者

孙福海

在20世纪30年代,有一些不遵守职业道德的记者,成心敲诈演员,总爆料演员的私生活,然后借机敛钱。演员们都非常生气,怎么办呢?他们找到了张寿臣,张寿臣说:"没错!不光是报道你们,有时候连我也一块儿报道。我这个人有个误场的毛病,一误场就给我登报,想找我要钱,我就不给,得想个办法!"

老观众也知道张寿臣有误场的毛病,因为舞台监督遇到张寿臣误场,就对台上喊一声"嗨",意思是让台上的演员把节目使长一点儿。老观众一听喊"嗨"就明白,张寿臣又误场了。

一天,张寿臣又晚了,那个记者正好在前台坐着。张寿臣上场以后,马上跟观众道歉,说:"真对不起,您看了吗?我今天又误了场了!怎么回事呢?都怨我那个小孙子。我呀,也真喜欢这个孙子,这个孙子在我身上不走,上蹿下跳,用两脚'蹬'我。我说孙子!你别(登)'蹬'了!这孙子总登(蹬)。还登(蹬)啊?!爷爷又误场了……您看,这孙子忒不是东西了!"

他把这个记者给骂了,台下的老观众非常内行,在哈哈大笑中为张寿臣喝彩,这个记者从此也远离了娱乐业。

相声演员在台上的"现挂"和作品,许多都是由演员在台下的"砸挂"加工而成。下篇咱讲"侯长喜火葬场'砸挂'"。

书画家以印文自嘲

姜维群

苏州书法家季丁刻印甚勤,没钱买石头,一石六面,面面皆刻,即磨即刻,中年一只眼失明,刻"一目不朽"印。吴湖帆晚年一个鼻孔窒塞,请人刻印"一窍不通"。还有吴昌硕对人说:"北方有人(指齐白石)学我皮毛,竟得大名。"齐白石闻此言,非但不生气,取印石自己篆七字:"老夫也在皮毛内。"清代笔记《养吉斋随录》记,桐城石甫莹工文词,吏事亦精敏。一次入见道光皇帝,道光问他:"你的文字甚佳,怎么当时不入翰林院?"石甫莹答:"臣字写得不好。"命进册子,上览良久,云:"尔书太劣。"石甫莹事后刻一小印"天子知臣不善书"。印文变成了一种炫耀。

名人书法家孙洪伊

王振德

当一个人为社会做出了卓越成就并产生了广泛影响，便成了名人。倘又擅长书法，就可以称为名人书法家了。民国年间的孙洪伊堪列其间。

孙洪伊 1872 年生于天津北仓。少年时代受乡贤刘士瀛、蒋香农启蒙，考中清末秀才。及长，与乡贤温世霖合办普育小学，又与妹夫罗云章创办电报学堂。后投身民主运动，创办《国民公报》鼓吹宪政，被选为立宪会议主席。曾任孙中山高级顾问和护法军政府内政总长。同时作为李大钊的老师与朋友，为促进第一次国共合作做出了贡献。

孙洪伊自幼与诗文书法结缘。少年时性格内向，略有口呐，但文思敏捷，千字文章，挥手立成，所写行书，自然洒脱。成年应世，常受友人之邀，撰写各种书联。平日最爱临写唐孙过庭草书《书谱》。其行草沉稳刚健于飘逸婀娜之中，字里行间充溢着浩然之气。

侯长喜火葬场"砸挂"

孙福海

1985 年，侯长喜的师父阎笑儒故去了。师徒如父子，他忙活后事，累得够呛。半夜骑着自行车回家，一身重孝也没往下脱，一进家把他媳妇吓了一跳，就问他："怎么回事？"

"我给我师父穿孝！"

"呵，你爸爸死了都没这样！"

第二天到了火葬场，下了车进告别厅，家属、朋友就开始哭。这时，一个工作人员说："哭嘛？哭嘛？你们哭的人对吗……这是上一拨的！"

侯长喜心想，这是什么服务态度？

一会儿，阎笑儒的遗体推出来了，大家又都痛哭。这个工作人员又说话了："别哭，别哭啦！哭两声儿得了！哭也哭不活，真把他哭活了，把你们都吓死了……"

遗体告别仪式结束后，侯长喜就去找这个工作人员，说："哎呀！你挺幽默，我准备让你当我的师弟……"

"好啊！将来你们的业务也归我管！"

这时，侯长喜"砸"了一"挂"："我师父已经走了，那边儿还缺一个捧哏的！"

"哦，你让我去呀?！"

侯长喜根据这个事，写了一段相声叫《生死之间》。

"砸挂"是相声演员创作素材的积累，同时，还能表现出一种对生活乐观向上的精神。下篇咱讲"刘文亨病中'砸挂'"。

石鲁后期书画印章用朱砂画
姜维群

书画家石鲁本姓冯，其一崇拜石涛，二敬慕鲁迅，所以改名石鲁。

石鲁后期书画不打印章，凡闲章名章用朱砂画出来，成为一个特色。原以为是他刻意独造，殊不知"文革"时其自用印悉数被抄走，作书画无印章岂可，于是随手画印成习，亦成书画之一大特色也。另外，画印章在瓷板画和瓷瓶瓷盘上是经常见到的。

学者书法家吴士俊

王振德

中国历代文人皆善书法与国学,若称其为书法家,绝不逊于当代书法家协会主席或理事。活动于19世纪的易学大师吴士俊,便以卓越书法家誉之,也不为过。

吴士俊1800年生于天津北仓,25岁中举人,官至直隶知州、长沙知府等职。46岁因病归乡,主讲辅仁书院。50岁后攻读易学典籍,用18年撰成《易学溯源》24卷,其手稿现存天津图书馆。另有著作《字字汇考》《骈体鉴略》数种。

吴氏百余万言著述,皆用楷书写成。其小楷筑基于王羲之、王献之书体,吸纳颜真卿之端庄遒劲,融汇欧阳询之清峻秀逸,更于精谨横竖笔画间配以魏隶味道的勾捺,使其小楷气势雄强,平中寓奇,刚柔相济,韵致翩翩,彰显出文人雅士的傲然风骨。

宋代欧阳修《跋茶录》云:"善为书者以真楷为难,而真楷以小楷为难。"吴氏小楷堪称清代中晚期书坛的上乘之作。

刘文亨病中"砸挂"

孙福海

刘文亨晚年患半身不遂,但始终保持乐观向上的精神状态,每天"砸挂"不断。一次我去看他,他正往北方曲校医务室去扎针灸。他半身不遂走道不利落,这时看见同样半身不遂的陈永忠跟在他后面,马上紧走几步。我劝他:"您别走这么快。"他马上"砸挂"说:"不行!后头那小子跟我学步。"

后来他坐轮椅了。一天，他正在学校操场晒太阳，我说："师哥，您在这儿晒晒？""啊，我晒晒！""您怎么样啊？""怎么样？我还不如褥子呢！褥子能晒两面儿，我只能晒一面儿！"

我说："得，我推您回家吧？""不用推，不用推……"

他自己一推轮椅，轮椅打转儿。他马上说："我……这是我没本子！"推轮椅还得要本子?!

这时他看见田立禾出来了，同时，一个教文学的李老师从另一个方向出来。田立禾有点驼背，李老师也有点儿驼背，俩人一见面，田立禾说："哟！李老师您早！"并给他鞠了一躬。李老师也鞠躬说："田老师您好！"刘文亨马上告诉我："看见了吗？一个括号！"

"砸挂"的功能有多种多样，尤其是在窘迫的时候，还能破解尴尬，下篇咱讲"杨少华'砸挂'破尴尬"。

粽子节与粽子广告

姜维群

学者梁实秋曾于 1927 年撰文说，端午节叫粽子节亲切些，还是忧国忧民的屈原才配吃粽子。画家程十发曾说，嘉兴五芳斋粽子、湖州诸老大粽子都是江南名点。为此程十发在《新民晚报》发表"中国快餐歌"，称五芳斋粽子是中国快餐之父。并声明说，此"广告词"若得五芳斋粽子店采纳，虽幸甚但不收分文。

誓留精品在人间

王振德

将精品力作留给世人,几乎是古今画坛名家的共同心愿,故而出现许多名家自毁劣作的现象。

清代天津画家华琳作画十年,竟画不出一幅令自己满意的作品。后到悟及"书画相参"的妙谛,遂以书法入画法,又画了十年,将心得写成《南宗抉秘》,仅留下十余幅作品,其余不如意之作尽被毁弃,使今人难能见其真迹。

李可染曾自刻一方印章,印文是"废画三千",可谓夫子自道。他多次跟友人说:"我废弃的作品比现存成品多得多。"笔者曾刨根问底,李先生答曰:"废弃的画至少比成品多三倍。"

萧朗先生也是如此,笔者追随萧先生三十余年,常见他将刚刚画完的作品,审视几眼之后,稍不顺意,便即刻撕毁。撕得在场亲友心痛不已,师母也屡劝无效。萧先生告诫我们:"要画佳作惠民众,莫让劣品留人间。"萧先生言行一致,晚年他将自己创作的最为得意的二十余幅精品,无偿地捐给了中国国家博物馆。

杨少华"砸挂"破尴尬

孙福海

相声演员在窘迫的时候,可以用"砸挂"的方式化解尴尬。

故事发生在"文革"时期。那时相声演员都不能上场演出了,还得进行思想改造。杨少华所在的南开区曲艺团进驻了工宣队,没过多久，工宣队要求演员给他们提意见。谁敢提呢?大家想，谁提意见就等于攻击工宣队，弄不好就得打成反革命。大伙儿都不敢说话，可是工宣队非让大家说不可，说:"金无足赤，人无完人嘛! 必须提! "

这时候，现场的空气仿佛都凝固了。突然，杨少华站起来了:"我提意见，你们工宣队太不像话了……"

啊! 这句话把工宣队领导吓了一跳，演员们也吓傻了:杨少华疯了!

这时候，杨少华掏出一个手绢，假装哭，实际上没眼泪:"你们工宣队呀……太不像话了!你们没日没夜地工作，太不注意自己的身体了。身体是革命的本钱啊! 你们不对自己的身体负责，也得对革命负责啊! "

有这么拍马屁的吗?当时把演员们乐得够呛，但又不敢乐出声，在底下捂着肚子乐。

工宣队也觉得这是找乐儿，可也没办法:你让我提意见，我提了，我没攻击你，是奉承你。

大家说:这个"砸挂"化解的尴尬绝了!

"砸挂"体现的是智慧，当初方清平就靠一个"砸挂"，被李金斗收为弟子。下篇咱讲"方清平'砸挂'李金斗识才"。

启功先生的文言国骂

姜维群

"他妈的"是一句国骂，笔者曾写"'国骂'小考"文章发表于《今晚报》，多家媒体转载。这句国骂确实粗俗，但也确实能抒发

23

一时的恼怒情绪。作为学者、教授、文化人的启功，由于书法好，求字的人络绎不绝。他说在家中天天没完没了地写，在外地再加上没完没了地吃，常常焦虑无奈愤懑之际，来一句文言国骂："其母之也！"即文言的"他妈的"。

不厌名声到老低

王振德

齐白石出身贫寒,但自幼痴迷书画,故能转益多师,好学不倦,以挥写书画为平生至乐。

成为专职画家之后,全心全意从事书画创作,追求"妙在似与不似之间"的写意效果,不计他人毁誉,如其71岁题画所说:"吾画不为宗派所拘,无心沽名,自娱而已。人欲骂之,我未听也。"

新中国成立后,白石老人为弟子画了一幅大写意的《墨虾图》,阔笔精墨,寥寥几笔,画面留出大片空白。观者希望他再画两条鱼,老人认为大写意画的特点在于"意到而止,不能画蛇添足",并在画的空白处题诗云:"塘里无鱼虾自奇,也从叶底戏东西。写生我懒求形似,不厌名声到老低。"另刻印章表明心态,如"无使名过实""叹浮名堪一笑""世誉不足慕""功名一破甑"等,均为此类用意也。

务实不务名者,而声名益彰。齐白石老人的诗、文、画、印及言行举止,堪为世人楷模。

方清平"砸挂"李金斗识才

孙福海

方清平原为餐厅服务员,想拜李金斗为师,李未允。有一天,李金斗去方清平工作的餐厅吃饭,见一个日本人吃完饭喊方清平:"哎!你地过来,这个虾壳打包!我拿回去做成虾酱,再卖给你们中国。"

李金斗在旁边听着别扭。

这时日本人吃完了水果，一指橘子皮："打包！""这也打包？"
"对！拿回日本，做成橘子酱再卖给你们……"

这个日本人嘴里嚼着口香糖，说："这个口香糖嚼完了也要带回去！""嚼完的口香糖还带回日本？"

"对！带回日本做成避孕套，再卖给你们中国。"

这时方清平"砸"了一"挂"，说："哎哟！日本这一点就不如我们中国了。""为什么？"

"我们呀！把避孕套用完后做成口香糖专门供给日本……"这日本人差点儿没吐了！

李金斗一听哈哈大笑，说："这个徒弟我收了！"

最近，李金斗碰到一件难过的事，下篇咱讲"李金斗最难过的事"。

陈启智扇骨书法称高手

姜维群

在清代民国传世的竹刻扇骨中，许多出自名书家手笔。然从20世纪50年代直至近些年，书画家写画扇骨的几乎无人涉足。许多扇骨上面的书画皆刻扇工匠自己所为。近年，启功先生大弟子陈启智写扇骨，由刻骨名家曹晓明操刀。一般为七言绝句，书写得既工稳又灵动，有书卷之气而无俗野之态，堪为书扇骨之高手也。

艺术养生论

王振德

1948 年,《民报》副刊发表黄宾虹《艺术是最高的养生法》一文,至今已有 68 年,一直未能引起世人重视,现在应提上日程了。原因有二:一是盛世百姓渴求养生良策;二是追梦中国重温先贤经典,致力于民族复兴。

宾虹老人此文开篇明义:"长生之义有二:一种是个人的生命;一种是民族与国家的生命。个人的生命短长,无足轻重。所谓长生者,应注意国族的生命。"

他指出:"世界国族的生命最长者,莫过于中华。这在后进国家自然是不可及,即与中国同时立国者亦多衰颓灭亡,不如中华之繁衍与永久。这原因是在于中华民族所遗教训与德泽,都极其朴厚,而其表现的事实,即为艺术。""所以说,艺术是最高的养生法,不但足以养我中华民族,且能养成全人类的福祉寿考也。"

宾老文章包罗宏富,诗文书画、金石鼎彝、雕塑篆刻、戏曲歌舞尽在其中,皆待复兴矣。

李金斗最难过的事

孙福海

有一天,李金斗跟徒弟方清平说:"你陪着我,去看看几位老先生。"便带着方清平开始在北京转。最后在四环路上堵车下不来了。

金斗说:"坏了,我内急!""哎哟,您要是坚持不住了,在紧急停车带解决吧？"

"不行！要是有人用手机给我照下来，一上网，我还活得了吗?!""没关系呀，您就说我爸是李刚！"

"李刚呀?李莲英也不行！""那给您打开收音机，分散点儿精力。"一开收音机，里面放着："泉水叮咚，泉水叮咚……"

"好么！换台！"

再一换——《口哨与小狗》。"啊！活不了啦，前头有出口……"

然后顺着路口就下去了。这时一个警察把他们拦住了，说："同志，违章了。您这个车今天限号。"

方清平马上说："我们是昨天开出来的……"

您看这方清平多聪明啊！

要说聪明，我佩服李伯祥，他能用机智和幽默化解尴尬。下篇咱讲"李伯祥宽容'乌龙记者'"。

象王被杀刘宇不制象牙扇

姜维群

津门制扇名家刘宇象牙玳瑁扇骨独步京津，笔者曾求制一对芭蕉象牙刻骨，精致雅致让人爱不释手。刘宇上微博，其微信名"开元老头陀"。一日在微信上看到非洲象王被杀，牙被剜走，惨不忍睹。象因象牙而遭杀身，刘宇决定以后再不做象牙扇骨了，特意弄来一批老黄杨木，做黄杨木扇骨，其质地细腻并不逊于象牙，大受追捧。

严修的书法艺术

王振德

严修，字范孙，号梦扶等，是近现代卓越的教育家、国学家和书法家。1860年生于天津，幼年在宜兴埠启蒙于温氏家塾，14岁入城厢府学，23岁乡试中举，24岁中进士，历仕翰林编修、贵州学政、学部侍郎等职，得以在国家中枢地位上施行自己的教育救国之抱负，既创办南开中学、南开大学、保定师范等院校以开拓新兴教育，又建立经世学堂、崇化学会以弘扬中华国学。晚年倡办城南诗社，助编天津县志，在诗文书法诸方面建树颇丰。

严修生前以擅写折卷名闻天下，其《劝学示谕》等作品，皆意高旨远，惊世骇俗。其书以行楷为体，精谨灵动，具晋唐之庄重。后人更爱他为亲友书写的楹联或信札，多行草书体，秀逸娟美，流畅自由，性情雅致，含宋元之风韵。

津沽前辈尊称其严翰林，将他与华世奎、孟广慧、赵元礼合称为"天津民国四大书法家"。

李伯祥宽容"乌龙记者"

孙福海

2014年元月25日凌晨，给李伯祥捧哏的演员杜国芝仙逝了。李伯祥非常悲痛。可没想到，在他悲痛之时，天津一家报纸竟然把消息错写成"李伯祥去世"。这事儿引起了轰动。李伯祥及家属也很别扭！当这家报纸发现了失误之后，立即派人到李伯祥家去赔礼道歉。李伯祥说："既然你们认识到了，就算了。但我有一个要求……"

他了解到发这篇稿子的记者很年轻,而且家在内蒙古,马上就要回家过春节了,便说:"我的要求是你们不能处理这位记者,造成的影响应该由你们领导来承担!"

他的夫人也非常通情达理,说:"哎呀!处理人家孩子可不行,得让人家过好年!"而且她还劝李伯祥:"算了,都是孩子,出错误在所难免。"

这家报纸带来的礼物李伯祥全都不收,而且还说:"我爱看你们的报纸,希望你们越办越好。"

紧接着,他还"砸"了一个"挂":"别看你们消息发错了,但是份子钱我可一分没收啊!"

相声演员在生与死面前,往往有许多可乐的"砸挂",下篇咱讲"张永熙笑对人生"。

老先生们的"洁身自好"

姜维群

据唐吟方先生讲,林散之暮年手书"不俗真君子,多情是女郎"赠赵朴初。朴老以语涉"多情""女郎"藏匿而不敢示人。天津隶书大家龚望轻易不与女子照相。一次亲见一女演员慕名来访,要求与龚老合影,龚老不是婉拒,而是沉下脸坚拒。最后对方以书屋为背景照了一张,自己化解了尴尬。

溥佺的《万马图》
王振德

20世纪60年代笔者在北京求学，常利用周日休息时间到故宫博物院绘画馆看画，馆内展有古今名家国画，琳琅满目，美不胜收。

在现代画家作品中，陈列于展柜里的溥佺《万马图》卷使我终生难忘。这幅长卷只展示了群马奔腾的一部分，细数约有四十多匹，采用勾线填色的宫廷画法，但线条灵动，赋色自然，并无宫廷画家的匠气和俗媚，给人以清新淡雅、畅快淋漓之感。群马形态互异，如龙如凤，劲健飞驰，似欲破纸而出。其骁腾万里的豪气与激昂充沛的神韵，令人叹为观止。管理人员告诉我："故宫这幅《万马图》并不完整，仅有五千余匹马，但已是世界上画马最多的作品了。"

"文革"后，笔者调入天津美术学院教学，才知道美院资料室存有溥佺先生画的三千匹马，是孙其峰先生从北京溥佺家里买进的，当是故宫《万马图》卷一部分。另外两千匹呢？还是个谜。

张永熙笑对人生
孙福海

相声界有"北侯南张"之说，即北方有侯宝林，南方有张永熙。

张永熙在1984年得了胃穿孔，进手术室的时候，医生怕他紧张，想给他做做思想工作。可还没等医生说话，他便说："这个胃甬管切下来多少,得给我留着。"

医生问:"干吗呀?"

"我得回家炒肚片!"

他这个"包袱儿"逗得医生哈哈大笑,说:"他好像在给我们做工作。"

当时的医疗条件比较简陋,手术后进行鼻饲、输氧、输液等,得插好多的管子。当领导来看他的时候,他又"砸挂",说:"我呀,现在生活条件好了,但很少下馆子,这回我可下足了管子了……"

他的徒弟曹业海天天在他身旁伺候,有一次,不知道怎么着就踩到了他的氧气管。张永熙突然呼吸困难,便说:"我告诉你吧……我家有个箱子……里头有一堆相声本子……我还有钱,都在那个抽屉里头了,你把它全拿走,我……就算给你留遗产了。""别呀!怎么还留遗产呢?手术没问题了呀?""不留遗产不行呀!你踩着我氧气管了……"

他徒弟这才反应过来,说:"您这也有空'砸挂'啊?!"

老艺术家在生活中有许多可乐的事,下篇咱讲"孙宝才和杨尚昆'盘道'"。

画家"逸笔草草"不都是应酬画

姜维群

每个画家都画应酬画。何谓应酬画?也颇似人见面说几句应酬话,不说不礼貌,说也是随便敷衍几句。海上名家陆俨少晚年应酬画多是几笔梅花。王学仲晚年很厌烦托人情的求画,但又怕得罪人，于是只好应付一下。一次一人求画册页，他连见也没见来人，让学生拿过册页，几十秒画了竹子，寥寥几笔，合上立刻完活。

霍春阳的兰竹素以"枝短叶稀"著称于世，越是寥寥几笔的越是他的精品，绝非应酬画。

孙犁谈"名人书画"
王振德

笔者 20 世纪 50 年代上中学时,有幸成为《天津日报》等报社的通讯员,得以聆听孙犁先生的辅导讲话。"文革"后我在天津美术学院教艺术理论,经常为报刊撰写稿件,曾被《天津日报》评为优秀通讯员,多次与《天津日报》的温超藩、董存章等编辑,到和平区多伦道 216 号大院看望孙犁老人。记得孙犁居室很简朴,墙上挂有天津美院夏明远先生的《江南春早》图,故谈书画内容较多。

孙先生对我们热情而又谦和,诚恳的话语中含有自己的经验与观点,令人心服口服。他认为"名人"是有标准的,并不是自封的,"真才实学、资历积累、影响范围等因素,均与人的名望有关"。同时认为"并不是名人一搞书画,就是名人书画,因为书画也是有标准的。书画能搞得像个样子,也不是件容易的事情"。

孙先生新中国成立前参加革命工作,离休前仅有科级职务,现今享有崇高声望,见证了历史的公正。

孙宝才和杨尚昆"盘道"
孙福海

孙宝才艺名"大狗熊",是北京天桥第三代"八大怪"之一,其强项是演双簧,晚年孙宝才的双簧上过央视春晚。电视剧《戏说乾隆》中有一场双簧,演出的也是孙宝才。老舍茶馆开业,也以孙宝才为招牌,演出双簧。

他是 1900 年生人,在 91 岁的时候,仍坚持演出。有一天,杨尚昆带着客人来到了老舍茶馆，孙宝才表演的双簧，把杨尚昆逗得够呛。演出结束后，杨尚昆高兴地上台接见演员，先走到孙宝才面前，握着他的手，说："好，太好啦！"孙宝才也说："呵，我看你面熟！""面熟？""我认识你，你是谁的徒弟来着？""啊？"旁边的工作人员一听就傻了，这还了得，孙宝才竟然问首长是谁的徒弟！当时杨尚昆回答得特别快，他说："我呀，是毛主席的徒弟！"

孙宝才岁数大了，这时还没反应过来，笑着说："啊，我说在北京天桥怎么没见过你呢！"这能见过吗！

孙宝才九十多岁了，把舞台看得比自己的生命都重要。所以，他把所有的人都看成是说相声的了。

在业内，上岁数的人可乐，年轻人也很风趣。下篇咱讲"戴志诚忽悠刘亚津"。

嘴唇做调色盘的画家

姜维群

曾为鲁迅先生书籍做装帧的画家陶元庆，其作画调制色彩时，他的嘴唇往往做了调色盘，当一幅画完成时嘴上染满了颜料。天津山水画家张洪千，学画于严六符，学书法诗文拜师吴玉如，极其崇拜陈少梅。其绘画时常以唾为水，于唇上舌尖濡毫舐笔，一画完成，画面清丽洁然，但其唇间齿上已然墨彩斑斓了。

七十始知己无知

王振德

人至老年,容易产生满足或懈怠情绪,甚至萌发生命末路之叹,如唐代刘禹锡诗云:"发少嫌梳利,颜衰恨镜明。"但有志老人却能好学不倦,老当益壮,依然老有所成。

李可染先生步入古稀那年,回首往事,反省自我,自刻"七十始知己无知"和"白发学童"等印章,以示古稀从头学习之志。他重新斟酌青壮年时期的画稿和创作,力求在原有基础上提升一步,仅《万山红遍》一画,就反复画过十余次,一次有一次的变化,可谓精益求精。其晚年勤于画牛,较早年所画更为遒劲概括。去世前竟然创作出《核子重如牛,对撞生新态》一图,作为高能物理正负电子对撞机竣工纪念封的图标,彰显出惊人的艺术想象力。

可染先生印文曰"无涯唯智""七十二难""千难一易""峰高无坦途"等,皆含有老当益壮、老有所为的寓意。

戴志诚忽悠刘亚津

孙福海

1975年,天津市曲艺团招收了两名学员:刘亚津和王宏。1978年,又招收了郑健和戴志诚。这四个人现在都是大腕儿,是天津的骄傲。

那时他们四位住一个宿舍,都比较懒,没人愿意打水。没开水喝怎么办呢?戴志诚出了个主意,说:"咱们抓阄,谁抓着'打水'谁打一个礼拜。"

36

于是戴志诚做了四个阄，刘亚津一抓，发现上面写着"打水"。他说："好，我先打水！"

一周过后再抓阄，刘亚津一看，又是自己"打水"，等到第三次他又抓着"打水"，心里就纳闷，说："怎么回回都是我'打水'？这个不对，你们都把纸条打开我看看！"

那三位把纸条打开一看，都是白板。

到了第四次，他说："不行！这次我来负责摇阄。"他把四个纸条摇一摇，往桌子上一撒，自己拿起来一个一看，还是"打水"。大伙哈哈大笑。

原来戴志诚做了一个扣，这四个纸条上写的都是"打水"，刘亚津抓哪个都得打水。纸条的背面是白板，刘亚津要看时就露出反面。他们把刘亚津给忽悠啦！

团里后来又考进一学员，是张志宽的儿子张子健，下篇咱讲"张子健'舍身救父'"。

黑宾虹和黑萧津门传人

姜维群

晚年的黄宾虹把画层层加染，形成黑密厚重的特点，人称"黑宾虹"。民国画家萧谦中也有"黑萧"之称，其画的水墨山水雄浑苍厚墨色清朗，自成一家。天津的书画家臧颕一生研究黄宾虹，临习黄宾虹，作品可以乱真，晚年受中华书局之托点校《黄宾虹文集》。天津画家侯春林山水画灵动洒脱，尤其对"黑萧"一路的山水精熟于心，他画的水墨扇面条幅点墨淋漓沉静，活脱脱"黑萧"再世。

李智超首部山水画集

王振德

1977 年我调入天津美术学院，先是给李智超先生当助教，至 1978 年接过了李先生的中国画论课程，与李先生密切相处半年多，因此，对李先生的艺术经历略知一二。

智超先生 1900 年生于河北省安新县，原名喆吉，号白洋舟子，幼入家塾学习。27 岁考入北京国立艺专，攻习中国画。28 岁成为山水画家萧谦中入室弟子，除学习萧氏笔法外，还系统临习董其昌、石涛、王石谷等明清佳作，假日赴京郊燕山口、桥尔涧等处写生。29 岁开始在《艺林旬刊》发表画作，并以书画助学。1929 年好友雷健侬将其 19 幅山水合为《智超画存》一集，请萧谦中题写书名，京城印书局出版，由琉璃厂崇文斋等书坊代售。齐白石赞其"腕底鬼神"，王梦白赞其"笔底烟云"，汤定之赞其"苍浑入古"，秦仲文赞其"结构精奇，笔墨雄放。"

由此可知，智超先生平生卓越成就，自其艺术求学时代，就已经开始了。

张子健"舍身救父"

孙福海

张子健原是天津市曲艺团的快板书演员，因主演《神探狄仁杰》里面那个元芳而红，后来又演了《飞虎神鹰》《借枪》等，成为著名的影视演员。

在张子健 3 岁时，正是"文革"期间。曲艺团跟杂技团合并，不让说快板啦！张志宽演戏中一个土匪，他夫人抱着子健去看，志宽刚往台上一站，"嘣"一声被打死了。子健就嚷起来了："哎呀，不能枪毙我爸爸！我爸爸是好人……"剧场就乱了。后来子健进了曲艺团，很多人都拿他开心："你爸爸什么时候毙呀？"

有一次志宽跟刘晰宇出门演出，换服装时他错把晰宇的腰带扎个儿身上了，腰带上还有一个"爱"字。那时，追志宽的"粉丝"特别多，到家后两口子打起来了。

这时子健赶紧给晰宇打电话，说："坏了！刘哥，我妈要把我爸给毙了……"

"为嘛？叫你爸接电话……"

志宽接过电话先问："我系的那条腰带是你的吗？"

"嘛腰带……得了师叔，你让婶儿抓着裤腰带了吧？这得赶紧承认！"这时子健抢过电话，说："哎哟！哥哥，您别'砸挂'了！不是我妈把我爸毙了，是你把我爸给毙了！"

演员之间"砸挂"是经常的事，可也有观众拿相声演员"砸挂"的趣事。下篇咱讲"观众拿尹笑声'砸挂'"。

画的上下款有时代特征

姜维群

书法绘画有上款下款，上款是接受画的人的名字，下款是书画家本人的签名。

在民国时期，买画人大都请画家写上自己的名字（上款），表示对书画的专有。名书画家题写上款很在意，华世奎写上款都写上"大人"以示尊敬，但此人若在社会上名声不好，他会拒写。齐白石也是如此。社会名人马一浮书法甚佳,他一般不写上款,如要上款,润资加倍。

近年人们求画最怕写上款,一写上款就不好转手卖了。书画家知道这些就有了应对措施,如书画家王学仲曾对笔者说,凡买画题上款的,他减掉润资三分之一。

中国生物学画派的首创者

王振德

陆文郁,字辛农,号老辛,斋号望月楼等,1887年生于天津。早年随张兆祥学画,后以书画为生。新中国成立后被聘为天津市文史研究馆馆员。与刘奎龄、刘子久、刘芷清、萧心泉在20世纪50年代合称"津门画界五老",是中国生物学画派的首创者。

陆文郁于1923年组织蔫庐画社,招收学员,编写《蔫庐画谈》等讲义,提出了"中国花鸟画应与花鸟自然生态相一致"的学术见解,认为画理应与物理相吻合。其工笔花鸟画既承继了宋元花鸟的精妙技法,也画出了自己体物细微的写生感受,形成了古雅严谨而又鲜活灵妙的绘画面貌,体现了一丝不苟、严谨庄重的学术风范,为中国花鸟画在写真求美的艺术道路上发展,提供了成功的范例,创作出《百花图卷》等许多经典力作。

陆文郁22岁创立天津生物研究会,主编《生物学杂志》,有《诗经草木今解》等专著行世。

观众拿尹笑声"砸挂"

孙福海

有一次,尹笑声和刘文步两人在台上说相声,有一个相声迷,带着自己怀孕的夫人也来了,他说:"这叫胎教!"

他妻子没来过相声园子,乐得都快岔气了。乐着乐着,坏了,出现了早产症状!赶紧去了医院,到了医院,大夫问她:"怎么回事?"

"嗨,听相声乐的,太可乐了!"

"啊？别乐啦！"

经过医护人员的抢救，生了一个大胖小子，母子平安。

又一天，这个观众到剧场来找尹笑声，说："尹爷，那天听您相声，我媳妇早产了，您说这事儿怎么办？"

"那您说怎么办？"尹笑声忐忑地问。"怎么办？您吃喜糖吧！我告诉您，母子平安。我那儿子是听着相声出生的，所以我给他起了个名，叫'笑生'！"

"啊？我成你儿子了？"尹笑声问。

"不，跟您是两码事，您姓尹，我不姓尹。再有，您不是老说观众是你们衣食父母吗？"

"这不对，衣食父母是大概念，您是一个人，我不能成为您一个人的儿子！"

"哦，那你是大伙儿的儿子！"

观众愣拿说相声的"砸挂"！

"砸挂"有各种类型，有人竟在追悼会上"砸挂"。下篇咱讲"宋勇在追悼会上'砸挂'"。

人爱牡丹不爱梅

姜维群

现在的国画时兴牡丹，许多牡丹画就像二三十年前的被面，鲜艳无比。走在大大小小的景点，牡丹国画处处"盛开"。与之相对比的是梅花画越来越少，正所谓：牡丹富贵人人爱，大红被面挂出来。清瘦梅花少人喜，无人光顾独自开。为什么不喜梅？因为梅谐音"没"和"霉"。世人越来越实际了，弄得一些画家也越来越世俗了。

艺术家的"看身术"

王振德

我国文化部"七五"重点科研项目十二卷巨帙《中国美术史》,由卓越美术家王朝闻任总主编,自1986年夏启动,至2000年冬正式出版,历时14年。笔者作为北宋卷与南宋卷的撰稿人之一,有幸亲聆王先生教诲,并深获教益。

王朝闻多次强调艺术家的"看身术",即"确定自己艺术创作和研究方向后,要坚持搞下去,不为时风所左右,雨打风吹不动摇。只有长期坚持,才能搞深搞透搞出特色。不能当'墙头草'和'变色龙',一定要有自信、有勇气、有定力,不达目的不罢休,不到长城非好汉。艺术家要建构属于自己的艺术世界和个性风格"。

王先生的"看身术"确系经验之谈,也是发自肺腑的肯綮之论。他以坚定的"看身术",在纷纭繁杂的世事变幻中,创建出独有的理论体系、艺术理念和创作风格,如《周易》云:"言出乎身加乎民,行发乎迩见乎远。"

宋勇在追悼会上"砸挂"

孙福海

宋勇是白全福的弟子,也是作家。他的曲艺作品先后获国家级金奖20个、文化部颁发的"群星奖"八次。他还组织成立了天津"哈哈笑"相声队。

他爱"砸挂",而且竟然能在追悼会上"砸挂"。他的同门师兄杨志光故去了,杨志光的徒弟杨常在及众多门里人,哭得痛不欲生。他们认为杨志光死得太早了,才65岁,非常惋惜,场面很凄惨。杨志光的老伴儿说:"这可不行,万一哭坏两个,这得劝呀……"

"我劝!"宋勇说。"你怎么劝呢?""我也哭!""啊?你也哭?""对,哭。"说着宋勇就哭:"哎呀,师哥呀……你不应该走得这么早啊……但这也好,你看你穿的,戴个纱帽翅儿,穿着马褂,这要再加上一个补子……你在那边就跟邓世昌一样……升了管带了!"

宋勇这一个"砸挂",让大伙儿捂着肚子差点没乐出声来!相声演员脑子就是快,有次日本记者向侯宝林提了个难回答的敏感问题,侯宝林是怎么反击的呢?下篇讲"侯宝林抨击日本记者"。

越来越"看不动"的书

姜维群

著名书法家余明善晚年曾叹曰,这书越来越"看不动"了。书原是捧读的,可以捧在手上坐卧均可阅读,这当然是线装书时代和铅字印刷时代。进入铜版纸全彩印刷时代的大画册,每册重量接近七八斤,别说翻,搬都费劲。所以九四高龄的画家孙其峰闲时躺着看书,只能看小开本的薄书。据梁崎弟子曹恩祥讲,梁先生去世前一天要看齐白石画集,他的两个学生一人搬着画册的一角,梁先生点下头,他们翻一页,累得手腕疼了几天。

陈半丁以义为利

王振德

20世纪60年代，笔者曾见半丁老人篆刻的椭圆形朱文印曰："以义为利，不以利为利也。"堪称夫子自道。

半丁老人身材不高，但气宇轩昂。待人和蔼，却爱憎分明。他平生以孔夫子所讲的"君子喻于义，小人喻于利"自律，知恩图报，见义勇为之事，贯穿他的一生。他作为北京书画助赈会的成员，积极参与公益事业，书画赈济活动几乎场场必到，甚受世人好评。

陈半丁19岁到上海谋生，得以向吴昌硕、任伯年、蒲作英学习书画篆刻，对于恩师们的帮助，他时刻不忘，多次在自传和手记中提及。

初到北京，肃亲王善耆对他有知遇之恩。及至肃亲王落魄旅顺、老病无依，他前往视疾，不仅为亲王办理丧事，还用卖画所得数十万元办理了其灵柩返京入土等事宜。其挚友王梦白穷病而殁于天津，他在琉璃厂集萃山房召集门人友好，举行义卖，操办后事。其义气可知矣。

侯宝林抨击日本记者

孙福海

1985年，侯宝林到香港演出，当时香港还没有回归，一个持有不同政见的日本记者采访侯宝林。开始他们先谈日本的相声，这难不住侯宝林。然而，日本记者把话题一转，说："你们的相声跟我们有差距,我们的相声民主,你们的相声呢? 跟你们政策有关,不民主! ”

"我们怎么不民主? ”

"你看,我们的相声演员在台上,能够讽刺现任国家领导人,你们的相声行吗? 你们民主吗? ”

这可是个难题,怎么回答?说我们政策不允许,那肯定不行;说那是你们的国情,也不合适。侯宝林脑子太快了! 马上说:"那你们不如我们! ”"为什么? ”

"因为你们国家领导人的威信不如我们国家领导人高。”

紧接着侯宝林又说:"我们的艺术是人民的艺术, 衡量的唯一标准,是人民满意不满意。我们的艺术如果讽刺我们国家领导人,人民都不满意。你们讽刺你们国家领导人,你们的人民满意和高兴,所以,你们不如我们! ”绝了! 这个日本记者哑口无言。

相声演员的脑子快,还体现在生活中,下篇咱讲"侯耀文的'特殊服务’”。

曾昭国藏汉砖刻汉画像印

姜维群

山水画家曾昭国,早年从师冯星伯治印,颇得秦汉金石古意。后痴迷于秦汉砖瓦的收藏,几十年来藏秦汉砖瓦几百,终日捶拓摩挲,常于拓纸上补石添竹,或将汉画像砖上图案文字人像摹刻于印章中。吾曾将曾昭国画像肖像印钤成一册,有几十方之多。其人像或坐或立,或舞之蹈之,颇得秦汉古风,不失雅韵。后又画于扇骨臂搁之上,刘毅刻成,乃汉画像入扇骨臂搁第一人也。

弘一法师的自省精神

王振德

李叔同,名文涛、广平,字叔同,法名弘一,其他字号甚多。他是天津走向全国、走向世界的书画大师、艺术大师和佛学大师。其成功的原因很多,自省精神当为其一。

1937年春,他在厦门开讲《南闽十年的梦影》,强调"读书养德",反省道:"回想我在这十年之中,在闽南所做的事情,成功的却是很少很少,残缺破碎的居其大半,所以我常常自己反省,觉得自己的德行实在十分欠缺。因此近来我自己起了一个名字,即'二一老人'。"

又说:"什么叫'二一老人'呢?这有我自己的根据。记得古人有句诗'一事无成人渐老',清初吴梅村临终的绝命词有'一钱不值何消说'。这两句诗的开头都是'一',所以我就用来做自己的名字,叫作'二一老人'。"

弘一法师以律宗严苛要求自己,在惜福、习劳、持戒、自尊四方面努力,稍感不完满,即发大惭愧,时时改过迁善。

诵读诸如此类的弘一言行,定会受益终生。

侯耀文的"特殊服务"

孙福海

有一次,侯耀文与常宝华去上海演出。

爷儿俩关系不错,侯耀文管常宝华叫四爹。演出完了,耀文说:"四爹,咱逛逛外滩怎么样?"常宝华说:"我岁数大了,看看报就休息了。"耀文就自己走了。常宝华关好门,躺在床上看报。

这时有人摁门铃:"先生!"常宝华一听,是一位南方女士,还挺年轻的。

没等常宝华说话,门外又说:"先生!你需要服务吗?"

常宝华一惊:需要服务吗?我这么大岁数,需要嘛服务?忙说:"赶紧走!"

"哎呀,不要不好意思嘛!"

"你再不走我可报警了!"

"您的安全意识还挺强嘛!告诉你,报警也不管事。"

这回常宝华听出来了,是耀文的声音。外头又说话了:"先生,我们服务好好的啦。"

常宝华马上说:"不用了,我正给人家做着服务呢!"

这个"砸挂",让侯耀文在门外笑得直不起腰了!这么大岁数,他还给人家做服务呢!

这是对付假"小姐"。还有一位能对付真"色狼",下篇咱讲"潘霞男智斗'色狼'"。

巧得老师墨宝的有心人

姜维群

据说林散之晚年耳聋,来访者皆取笔纸作谈。散翁笔谈小纸片,来访的有心者皆顺便带走。书法篆刻家尹连城从师吴玉如,其2012年于天津鸿远堂举办吴玉如书法展,许多是老先生随意的便条、留言以及教授诗文时的信手抄录。其中一张是吴玉如贴在门上的"告白"，说临时有事，让来上课的尹连城过一个半小时再来云云，毛笔书就章法极佳。书法家陈启智也是，他当年欲调天津工作，其老师启功写一封长信给市长李瑞环，信的第一稿陈启智当时没让老师撕掉，而是求来保藏至今。

刘奎龄作品意蕴丰厚

王振德

刘奎龄字耀辰,号蝶隐、惜寒堂主、谭香老屋主人、种墨草庐主人等,世居天津南郊土城。自幼打下深厚的国学及书法基础,成年后将古今中外绘画营养融入自己工笔作品之中。他弘扬津派张兆祥的艺术思想,创立了独特的走兽画风格,成为津派国画的又一里程碑,不仅样式新颖,意蕴也丰富深厚。

刘奎龄作品有反对侵略战争的,如《凭谁问》:"干戈载戢复韬弓,奏凯归兮细柳营,闻道华阳秋正好,倩谁试彼菊花骢。"有歌颂和平生活的,如《鸡鸣迎晓》:"喔喔鸡初唱,花迎晓日开。东篱秋色好,幻进画中来。"有颂扬爱情的,如《吉羊神猿》:"吉羊神猿,天赐鸳鸯。百年伉俪,福寿永昌。"有抒写亲情的,如《傍母慰亲》:"锦样花迎晓日开,黄梅初霁温苍苔。新雏亦解亲辛苦,喔喔娇啼傍母来。"还有励志的,如《凌霄》:"暂戢凌霄翼,储为万里程。一朝张伟翮,天下仰雄风。"如此等等,不一而足。

潘霞男智斗"色狼"

孙福海

潘霞男是一位女相声演员,话剧演员出身,新中国成立后,落到了丹东。

在我做学徒的时候,她经常去看我师父杨少奎,论辈分我管她叫潘老姑。她长得特别漂亮,个头儿也高。在20世纪40年代,她是河北鸟市声远茶社的主演。

一次她演出结束回家,雇了一辆"胶皮"(即洋车)。只见她烫着头,穿着旗袍,化着妆,挎着皮包上了"胶皮"。可没想到,拉"胶皮"的这个人对她起了歹心。看她漂亮,拉着潘霞男往犄角旮旯的黑地方钻。潘霞男心想:"这不对呀,这不是我回家的路!"然后说:"师傅!我家应该在那面,你方向走反了!"

　　"没错!你就放心吧,一会儿你就到家了!"

　　潘霞男想,这事儿不对。她急中生智,从自己的包里掏出化妆品,用粉扑往自己的脸上一扑一搽,弄了个大白脸,然后又用腮红给自己画了一个长舌头、眼睛流血。拉"胶皮"的不知道,到了地方把"胶皮"往地下一搁,潘霞男把头发往前一披,拉车的一回头:"啊!"给吓死过去了!第二天醒了以后,他还接受采访,说:"我昨晚上碰见鬼了!"

　　这个故事是魏文亮给我讲的,然后他说:"我有一次真碰见鬼啦!"下篇咱讲"魏文亮'北仓'惊魂"。

萧朗书画落款各不同

姜维群

　　画家萧朗书法作品较少,而且绘画多是"穷款儿",他自谦自己书法很一般。其实不然,萧朗书法厚重柔美,结体谨严,别有风韵在其中,其90岁上下写了一些书法作品,篇幅不大,皆为行楷。其绘画署名印鉥,而书法一律署名萧朗。当年清人赵叔孺落款也是这样,书法落"赵时棡",绘画落"赵叔孺"。明代董其昌画款"玄宰",书法款"其昌",看来此乃明清遗风。

谢稚柳与天津

王振德

1985年夏天,笔者有幸赴上海画院进修,并参加全国高校美学班,得以聆听谢稚柳、程十发等名师授课,遂深获教益。

谢稚柳生于江苏常州,名稚,字稚柳,其学识渊博、品格高尚,是现代大师级书画家、理论家和鉴藏家。他一生多次莅临天津,为津沽文化做出了贡献。现略述一二。

1962年,谢先生作为国家文物局书画鉴定组成员,专程到天津文物部门鉴定书画,并与天津书画鉴定家韩慎先、崔锦等人多有合作。

1988年秋天,天津艺术博物馆隆重举办了"谢稚柳书画展览",使天津人民对谢先生的诗文书画及学术著作,有了较为全面的了解。经领导同意,我们请谢先生到天津美院为师生作学术讲座,同时为美院鉴定了署名仇英、袁江等十幅有争议的藏品。谢先生还即兴为美院画《竹石图》,他当场挥毫,气宇轩昂,笔墨自如,一气呵成,无愧大师风范。

魏文亮"北仓"惊魂

孙福海

有一次,魏文亮外出办事,到了北仓。

办完事,赶上下大雨,天空阴云密布,雷声不断。想打车吧,下雨天,找不着出租车。他正着急时,从远处过来了一辆公共汽车,开得还挺慢。车开到他跟前,车门还开着,他就赶紧上车了。

坐在座上,心里挺高兴:正说打不着出租车,这公交车就来了,还挺舒服,没人!

这时候,外面"咔啦"一声雷,"唰"一道闪电划过,哎哟,坏了!他发现前面驾驶座上也没有人!心想:哎哟!驾驶座上没司机,这车怎么能走呢? 这可是北仑呀!

他当时吓得心跳加快,两腿哆嗦,手心都攥出汗了。可汽车照样往前走,到了一个上坡处,汽车开始往回倒,又听"咔啦"一声响雷,"唰"一道闪电,魏文亮一回头:妈呀! 车窗后头有一溜脑袋!

这时后头有个人骂上了:"我们在下面推车,就你一个人在车上坐着?!"原来是车坏了。

够可乐吧? 相声演员遇见的净是新鲜事。咱下篇讲"王佩元出席自己的'追悼会'"。

龚望书画珍藏爱请名家题跋

姜维群

龚望收藏乡贤书画甚多,对鸿篇巨制或精致小品珍爱独加,尤喜请诸名家在上面或题签或跋语。如其祖父有糖绘小品画册页, 龚望遍请京津名家十几位题跋。其收藏的张体信四言大对联,白绫处密密麻麻题字几满。跋语随着年代日远,渐显珍贵,其于褒扬里见其优长,亦能读到各自观点。如与齐白石同时代画家陈半丁,有人请他跋白石《李铁拐像》,其长跋中用了三个"怪"字:"老萍一生怪行""怪性亦与日俱增矣""唯其所杂者,处处于险俗中生怪也"。跋语里可一窥消息,似一次"新闻发布会"也。

王颂余与厉慧良

王振德

1991年春天，笔者去看望恩师王颂余先生，正赶上京剧名家厉慧良登门造访。厉先生带来自己录制的《挑滑车》音像带，请王先生看后提意见，谦逊品格令人钦敬。

王先生观赏后问道："您的《挑滑车》久演不衰，一招一式都极有气势，跟别的演员比，显得气魄宏大，内在力量很强，您的秘诀是什么？"

厉慧良答道："我演这段戏数十年，确实在将军气势上下了苦功夫。不是靠生拼硬装，而是凭心智研磨，注重在大动作中求静态之美，连续武打动作中忽然来个短暂的静态亮相，接着又是超大动作，会给观众深刻印象。在一连串武功中，插入不同姿态的亮相，这便是动中寓静的秘诀。"两位名师的对话为笔者上了生动一课。

厉慧良走后，王先生语重心长地说："我自幼喜爱京剧，这些名角是我数十年挚友，彼此交流，双方受益，我书画中的气势与韵味得益于京剧启发，这可能就是'艺通于道'吧。"

王佩元出席自己的"追悼会"

孙福海

王佩元有一个徒弟叫胡海，其岳父故去了，王佩元去吊唁。没想到，刚进胡同，在门口的"大了"（忙活丧事的）用天津话喊上了："哟！这不是王老师吗……您里头请！"

王佩元心想："我这到哪儿了？还有人喊里头请？"

到了灵堂，在行礼之前，这"大了"开始跟死者介绍王佩元，说："您了知道这是谁向您告别来了吗？这是王老师。王老师是谁？著名相声表演艺术家，当初创作和演出的《挖宝》，那简直……"

王佩元心想："他这么长时间地介绍我，孝子在地上跪着，受得了吗？"

"大了"在那儿继续介绍："王佩元人缘好，为人忠厚……"

这时王佩元"砸挂"说："你念我的悼词呢？"王佩元这句"砸挂"，把孝子们乐得都跑门外去了。

第二天，到了火葬场，不少火葬场工人围过来，抢着和王佩元照相，照完了以后，这些工作人员还挺客气，说："我们也没嘛送给您，让我们乐队送您一曲《您一路走好》吧！"

"哦！还是我死了？昨天念我悼词，今天又送我《您一路走好》，我出席了一次我自己的'追悼会'。"

在相声演员中可乐的事特别多，下篇给您讲"李嘉存花钱找爹"。

萧朗说齐白石画画很慢

姜维群

都以为齐白石画画会很快，其实不然。小写意花鸟画家萧朗曾在老师王雪涛家住了十年，王雪涛多次让萧朗去自己老师齐白石家送东西。萧说，太老师画画极慢，一只虾的须子一点一点稳稳前移，老半天才画一根，有时看似没墨了还在运笔前行。李

55

可染晚年告诫学生,落笔宜慢,慢则笔不浮滑,则线条厚重不虚。他说这是白石老人心得之言,他晚年方悟其理。二位画家皆亲见亲闻,后世画家不可不知。

刘继卣弘扬父业

王振德

刘继卣自幼随父亲刘奎龄学画,10岁便挥笔成幅。18岁入天津美术馆师从刘凤虎学习西画技法,19岁转从刘子久、陈少梅学习山水和人物画法。22岁因画《天灾图》触怒日伪当局被捕入狱,锤炼出民族气节和铮铮铁骨。

抗战胜利后,刘继卣在永安饭店举办个人画展,其动物画、花鸟画及人物画均受好评。其鸟兽画在父亲风格的基础上,加入了泼墨或泼色的大写意技法,将精谨巧妙变为松活奔放,在中外画坛独辟蹊径,令世人耳目一新。

新中国成立后,刘继卣调入北京人民美术出版社。1955年其作《武松打虎》组画荣获第六届世界青年联欢节创作奖,1956年其作《闹天宫》入选社会主义国家造型艺术展览。改革开放后被聘入文化部中国画创作组,三年间创作数百幅佳作报效国家。不仅巨幅作品《双狮图》献给全国人民代表大会,还有大型画册《刘继卣中国画选集》传世。

李嘉存花钱找爹

孙福海

李嘉存的"牙好胃口就好,身体倍儿棒,吃嘛嘛香"很经典!

前几年,他在北京昌平买了一幢别墅,人家还赠给他一亩地,他特别高兴。可是他没工夫去住,一个是远,一个是他正拍电视连续剧《刘罗锅》,他爱人也在北京市内上班。怎么办呢?他雇了个大爷给他看房！一两年都没去住,煤水电费照掏,老大爷工资照给！然后这位大爷,又把老伴儿接来一起住。

过了两年,他才琢磨过味儿来:合着我花钱买别墅没住,雇了他们老两口,煤水电不花钱,洗澡、桑拿……啊,我给我自己找了一个爹！

怎么办呢？要是不住,房子在那儿糟蹋了,干脆,把这房子卖了,卖完以后,跟老伴商量,拿出钱做慈善！然后又拿出一部分画作搞拍卖,在北京大兴建立"李嘉存基金",专门资助孩子。这次拍卖,由李金斗亲自掌槌。

拍卖会后,相声演员问他:"你那别墅为什么卖啊？"

李嘉存说:"我为什么不卖？我那是花钱找爹！"

然后别人"砸挂",说:"您什么时候缺爹,言语一声。"

相声演员的"砸挂"特别有乐儿,有一次,姜昆的"砸挂"既可乐又高明。下篇咱讲"姜昆调侃朱军"。

为何笔会多合作画却少

姜维群

现在的笔会,少则请三五书画家,多则十来位。笔会上都是各画各的各写各的。海派画家、京津画家民国时亦雅聚笔会,书画家聚一堂,诗书画集一纸,多有合作,故多故事多趣味。如海派画家关良画孙悟空献桃、朱屺瞻补坡石远垣、谢稚柳题字,至今观来仍抓眼球。笔者藏一扇,由津门画家苏吉亨、赵松声、李文沼等人合绘,亦多雅趣。合作画少,是因为现场必须要有有威望的人提议,否则很难形成合作。为什么？书画家多有自己的想法,画得太繁太工恐有卖弄之嫌,过简过草率又怕贻笑大方,故多避之。

孙其峰的人物画

王振德

孙其峰先生以花鸟画和隶简书法名闻中外，世人鲜知其人物画也颇有功力。笔者三十多年前见到他画的《林冲夜奔》等戏剧人物，也见过他早年画的《桃花时节运车忙》等写生人物。

孙先生 80 岁前后见到老学生乔文科编著《钟馗画技法》一书，欣喜之余感慨万千，曾画过不少钟馗题材的作品。至于其山水画中的点景人物，更是画得多种多样，笔简意足了。

记得 37 年前，笔者去孙先生所住河北区宇纬路大院学画，开窗望见溥佐教授身穿短裤短褂为友人照相，孙先生即兴为溥先生画了一幅毛笔速写，题云："只知面前照人家，不知背后有人画。为溥老师造像。"署款为"其峰戏作"。

孙先生人物画造型准确，笔墨简括，多为寄兴抒情，故而气韵生动、趣味饶足。线装书局出版十卷巨帙《孙其峰书画全集》，有花鸟、山水、书法、扇面、章法、画稿、文论等内容，更多的人物作品尚待来日补足。

姜昆调侃朱军

孙福海

朱军以主持春晚的经历为蓝本，出了一本书叫《我的零点时刻》。因为他在央视之前，是兰州军区文工团的相声演员，所以在这本书的首发式上，请来了冯巩和姜昆。

姜昆最后一个讲话，他发现前面名人、明星所讲的溢美之词太多了。面对众多的读者等着购书,尤其是许多家长还都带着孩子等作者签名,他灵机一动,采取了调侃式的"砸挂",说:"朱军,是说相声的,为什么不说了呢? 因为他说相声不怎么样,就改行了! "这就是一个"包袱儿"。

紧接着他又说:"我热爱相声,虽然我们说相声的赶不上在座的影视演员、作家,但是,我还是劝家长们买完了朱军这本书,也教育孩子学一点儿相声,因为如果说相声混不下去了,怎么着也能混成朱军这样儿。"

他智慧的一个"砸挂",将首发式推向高潮,包括朱军、冯巩在内的所有名人都捧腹大笑。

这个"砸挂",既宣传了相声艺术的高深,也"吹捧"了朱军扎实的相声基本功,还证明了他和朱军的关系不一般,"开得起"这种玩笑。广大读者爱听,现场气氛也得到了活跃。

相声演员脑子快也是经过历练的,下篇咱讲"石富宽半夜'咬人'"。

画家的工戏和工戏画

姜维群

天津画家孙其峰喜京剧,会拉京胡,经常与溥佐等人凑于一处拉拉唱唱。天津的海派画家彭钝夫,花鸟人物均精,与陈少梅交情甚深。其虽是京剧票友,但能彩装登台、能评论戏剧。此外工戏画的画家有关良、叶浅予、韩羽,三人画戏画各有千秋。关良画戏画境简静,叶浅予意在姿态生动,韩羽则是不拘形迹好作夸张之笔。天津近年画戏的画家男有刘洪麟,女有黄雅丽。

张映雪的国画成就

王振德

张映雪长期担任天津文艺界领导职务，一直保持艺术家的创作本色。他作为版画家、美术理论家、艺术事业家已举世公认，但作为国画家，也应予以重视和研究。

张映雪生于山西夏县，父亲张毅臣是清末秀才。在父亲引导下，他自幼酷爱诗文书画，8岁拜运城南仁甫、邓勋辰等书画家为师。17岁创作《岁朝图》四条屏已轰动县城。

延安时期因形势需要而创作版画，新中国成立后复归国画创作，且与刘子久、孙其峰、穆仲芹等国画家多有切磋。其作品《农家菜地》首次将西红柿入画。其《雄鹰》《苍松旭日》等作品屡受好评。还与马达、张德育等名家多次赴白洋淀、黄山、桂林等地写生，所积画稿过百幅。1985年离休后致力于花卉创作，题材以荷花、牡丹、菊、梅、松、柏为主，涉及花树草木三十余种，笔墨雄强，气势开阔，充满了昂扬向上的正能量和意蕴丰厚的沧桑感。

石富宽半夜"咬"人

孙福海

石富宽15岁参加铁路文工团，给侯耀文捧哏，是一位难得的捧哏人才。

他与耀文刚到团里时，要去铁道兵部队接受锻炼。下连队以后，队里怕他俩吃不饱，便安排与8位女兵一桌。这几位女兵一看他们扭扭捏捏的,吃饭都不敢抬头,就想捉弄他俩。菜一上桌,几个人一挤眼,全光,这俩人两天没摸着吃菜。睡觉安排到一个排长宿舍,三人一屋,排长对他俩特别好,但睡觉打呼噜。第二天,这位排长看他俩眼睛挺红,说:"对不起,你们俩没睡好觉吧?没事儿!今晚我戴一个铁道兵防尘的口罩,呼噜的声音就小了。"

睡觉时,这位排长真戴上了口罩。刚开始还行,到了后半夜,这声音太特别了。石富宽心想:"您不戴口罩还好,戴上口罩,整个一个拖拉机!这声音更难听了。"

怎么办呢?他点了一支烟,把排长的口罩摘下来,将烟插到排长的鼻子眼里了。他岁数小,跟排长也混熟了,就有些随便了。然后他就躺下了,没想到,困啊,竟睡着了!坏啦,烟是点着的,打呼噜往里吸气,烟不灭,不一会儿,烟就烫着排长鼻子啦!

这排长"噌"一下就坐起来了!他没想到是烟,说:"哎哟!什么东西咬我?"

再看石富宽正躲在被窝里乐:"嘿,我'咬'你了!"

他咬他了,这就是石富宽"咬人"的故事。岁数小,都难免有可乐的事。下篇咱讲"刘文步'殴打'老八路"。

孙伯翔倡研文人学者书法

姜维群

孙伯翔在讲碑帖之学的同时,常讲文人学者书法,认为这是书法风格传承不可不研究的一条线。他说鲁迅、矛盾、傅雷、胡适等人的书法,书法家要揣摩研究,这里蕴藏着诸多的艺术理念和艺术路径。学书法、研究书法，莫偏废这个群体。这个观点笔者赞成，郭沫若曾这样说："鲁迅先生无心做书家，所遗书迹，自成风格，融冶篆隶于一炉，听任心腕之交应，朴质而不拘挛，洒脱而有法度。远逾宋唐，直攀魏晋，世人宝之，非因人贵也。"

曲世林印不让人

王振德

天津古属幽燕之地，秦汉瓦当印章时有出土，建卫六百年来，人文鼎盛，书家印士，代不乏人，当代篆刻家曲世林便是其中一位。

曲世林，字愚辰，号师黟山人，斋名师黟山房。1945 年生于天津。自幼秉承家学，诵读诗书，苦练书法。1982 年经曹长河引荐，随寇梦碧学习诗词，随张牧石学习书法篆刻，并得到龚望、余明善等名家指教，走上了书法篆刻之路。他以黄牧甫篆印为根基，旁涉吴熙载，探赜秦汉玺印，参酌皖、闽、浙诸印的风格，逐步形成了自己高古、淳雅、朴厚、大度的制印风格。其边款多用北魏书体，体貌端正而神完气足。现为中国书协会员、天津印社顾问。

2002 年他为东林书院等处刻白文方印，皆受各界人士好评。近来他将自刻 116 方印章辑为《愚辰印课》一书，通过"终日乾乾""不耻相师""勇猛精进"等印文，表白自己的平和心态、进取精神。

刘文步"殴打"老八路

孙福海

天津解放后，艺人翻身了。有一次，一个地痞听相声不给钱，刘文步冲后台一嚷："他不给钱！"刘文亨、王文进和丁文元马上把这个人给揍了一顿，还拽这个人去了派出所，真让人高兴。

第二天，一个穿棉袍扎着羊肚毛巾的人也来蹭相声听。刘文步把笸箩往他跟前一伸，没想到这个人却说："哟!听这个还得给钱呀?"

刘文步马上喊："又一个不给钱的!"孩子们又一通乱打,然后把他带到派出所。警察问："你不知道艺人翻身了吗?"

"翻身了? 我不解放他们,他们能翻身吗?"

啊? 原来这位是解放天津的战斗功臣。

当时的警察是留用的伪警察,立马吓坏了。打人的几个孩子都十三四岁,没法处理,就把"掌穴"的杨少奎、刘文亨的爸爸刘广文及赵心敏、张宝茹全给关起来了。

很快军管会知道了, 文艺组组长周巍峙是老文艺战士,《抗美援朝之歌》就是他写的。他理解艺人,让派出所马上放人,并要求战斗功臣和演员们见个面,握手言和。

然而艺人们还是不明白,问老战士："您怎么问'听相声还得给钱啊?'"

"对呀,"这位功臣解释说："在俺那个地方听这个,不用给钱的。"

也是啊,在解放区看文艺表演用得着给钱吗? 这顿打,挨得太冤啦!

相声演员做学徒时,有许多可乐的事。下篇讲"李金斗组织'反动会道门'"。

王叔晖盥手看学生画

姜维群

女画家萧惠珠是王叔晖的入室弟子。民国时大画家周肇祥曾赞王叔晖"闺香中近百年无此笔墨"。萧惠珠初次登门请老师看自己的画,王叔晖说一定要先洗洗手,这一细小的举动让萧惠珠感动至今。王叔晖幼年居住在天津奥租界,上小学时见什么画什么。后经她家远亲吴光宇(大画家)介绍,进入北平的中国画学研究会学习绘画,得到吴光宇、徐燕荪、陈少梅高师指点,终成工笔重彩仕女大家。于今她的学生萧惠珠已是仕女画一大家了。

齐白石与严智开

王振德

严智开,字季聪,严修第五子。他 1928 年任北平艺专教务长,曾与校长林风眠聘请齐白石为国画教授,还举荐齐白石《松鹰》等作品参加艺专教授联展,并将其作品挂到艺专永久陈列室,以供师生观摩与研究。

1930 年,严智开创办天津美术馆,曾致函齐白石,代表天津画家请教"古今可师不可师者"。齐白石特作六首诗作答,其意有四:一是要学习古今名家,不要轻视"四王",所谓"南北风高宗派分,乾嘉诸老内廷尊","天下无双画苑才,古今搜集费安排"。二是要学习民间工匠的天然自如,所谓"轻描淡写倚门儿,工匠天然胜画师"。三是不要拘泥古法,所谓"造化天工孰为真? 死拘皱法失形神"。四是要弘扬古人创造精神,所谓"迈古超时具别肠……千古无惭一阿长","青藤雪个远凡胎,老缶衰年别有才"。这六首诗情真意切,观点鲜明,切中时弊,既肯定了津派国画优长,又指明了津派发展的方向。

李金斗组织"反动会道门"

孙福海

1963 年北京市曲艺团进驻了"四清"工作队。他们发现团里有一个组织叫"狂犬委员会",李金斗是会长,王文林是副会长,王学义等是会员。

"四清"工作队把它当成大案了,将李金斗和王文林喊到办公室,一拍桌子训斥道:"李金斗,你好好交代!你们的纲领是什么?谁让你们成立这个组织的?"俩孩子吓坏了,当时他们还都没有毕业。

后来老师们找到了工作队,解释说:"这个'犬'是我们的行话,'犯犬'就是'抖包袱',说这个人'犬',就是说这个人'抖包袱'特别损。这不是反动组织。"

"不对!这证件是怎么来的?"

"这个证件是王学义到资料室打字时,心血来潮印的一个'狂犬委员会'。他们之中谁的包袱好呢?李金斗!就给李金斗印了一个会长,他自己来个会员……"他还挺谦虚!

过了一阵子,这几个孩子一看没事了,李金斗便"砸"了一"挂",说:"还得感谢王学义,幸亏他给我写的是会长,要是给我写个皇上,再来个娘娘,还不得把我枪毙了。"

现在这些人能够成才,也得感谢当初集体作保的老师们。在天津,也有一位保护学生的老师,下篇咱讲"杨少奎用相声管学生"。

李鹤年为甲骨发现权"争竞"

姜维群

书法家李鹤年终生与甲骨结缘。据章用秀介绍,1939年孟广慧去世,留下甲骨430片,后由李鹤年全部收藏,1951年他将400片甲骨捐献给文化部,自己留下30片,"文革"时被抄走,后退回一部分。

李鹤年致力于甲骨文献考据,有确凿的资料证明甲骨被发现是在天津，是天津人孟广慧、王襄第一个发现的。李鹤年曾和笔者谈过此事，并整理了文章，此事虽是学术问题，但亦关乎天津这座历史文化名城的人文，不可忽略之。

陈半丁的"半"字缘

王振德

陈半丁生于浙江绍兴柯桥镇,初名静山,学名年。因为孪生(其胞弟名易斋),自号半丁。他是闪耀于现代画坛的大师级书画篆刻家,先与齐白石并称陈齐,后并称齐陈。

笔者20世纪60年代赴北京求学,经李义昌老师引荐,得以叩拜半丁老人,并断续聆教8年,身心受益,至今感恩不已。

半丁老人说与我有后半生之缘,使我在受宠若惊之余修生感悟,这不是人们常说的"半"字缘吗?半丁老人的字号斋名虽多,但带"半"字者近乎一半,除半丁外,还有半翁、半叟、半痴、强半、半丁氏、半丁老、半丁父、半野老、山阴半叟、稽山半老、半丁老人、半丁先生、山阴道上半个汉、山阴半丁陈年等。

从半丁老人所刻图章观之,也常用"半"字。如半丁书画、半丁画印、半丁所得、半丁弄翰、陈年半丁、半丁老矣、半为消遣、半丁涂抹、半聋半哑、天半人半等,半字之妙,至此极矣。

杨少奎用相声管学生

孙福海

20世纪60年代初的一天,我所在的红桥区曲艺团,一名管理学生的老师急眼了。起因是由于授艺的老师赴外地演出,一些学生便旷课或晚来早走,这位老师便打算赶走几个。可杨少奎一听,说:"不行!我来管他们。"

杨少奎每天一上课给学生们讲一个故事,留一个扣儿,下课时再解。绝啦,从此学生们都早来晚走没有旷课的了!

我记得其中一个笑话:一个老太太以缝穷为生。她没丈夫无儿女,赚点儿钱,就放在墙缝里。可过几天一看,钱全没了!窗台上有个地方油亮油亮的,她想肯定是小偷伸进手来把钱拿走了。怎么办呢?她找了一把牛耳尖刀,夜里假装睡觉,等小偷又把手伸进来拿钱时,老太太拿刀照着小偷手背"咔嚓"一刀,直接插在小偷手背上了。但小偷只说了一句话,老太太就把刀给拔出来了。你们猜,这个小偷说了一句什么话呢?杨少奎说:"下课时我再讲。"下课铃一响,孩子们就围上来了,有的猜:"那个小偷说,'我是你儿子'。"有的说:"小偷说,'我是你丈夫'。"有的说:"你放了我,否则我杀了你!"杨老师哈哈一笑,说:"都不对。小偷说:'没扎着!'老太太想把刀拔出来重扎,小偷就跑啦!"

杨少奎用相声管理学员,是爱惜人才。还有一位相声演员丁广泉,培养了许多洋弟子,没想到有一个是"小偷"。下篇咱讲"丁广泉的洋弟子是'小偷'"。

华世奎书法上款多称"大人"

姜维群

天津有华、孟、严、赵四大书家,其中华世奎存世的对联很多,对联有上款(即求字人的名号)的很多,凡有上款的称"某某大人"的很多。称"大人"一般是长官上级或长辈长者。据讲,华世奎对待求字人先了解对方,如对方名声不佳他拒写上款;写上款他则以"买家为大"的恭谨之心书写,不仅在章法词句上认真,在上款上也谦恭敬人。于"大人"二字上可窥全豹。

张瘦虎及《升官图》

王振德

清朝末年,天津南段警察局总办段芝贵以女伶杨翠喜献给钦差大臣载振贝勒,欲谋取黑龙江巡抚之职。张瘦虎得知内情,恨其腐败,义愤填膺,特创作《升官图》在天津《醒俗画报》发表,款署"醒汉题""愁父稿",并钤名章。图中杨翠喜盛装坐于椅上,手持绘有黑龙江地图的折扇,段总办跪伏其膝前,且以右手指巡抚官帽,作乞求之状。由于画家实写其貌,使观者一看便识。张瘦虎反贪腐的正直品德及其写实功力令人叹服,也彰显出津派书画的一大特色。

张瘦虎,名城,字寿甫、虎父、愁父,号瘦虎、小白云溪客等。其文章道德、诗词书画皆令人赞誉。尤擅画工笔仕女,人称"张美人"。曾应邀为天津文美斋作画。1915年为庆祝巴拿马运河开航,在美国旧金山举办万国博览会,张瘦虎国画创作获古铜奖牌。其作品经常在当年的天津美术馆展出或陈列。

丁广泉的洋弟子是"小偷"

孙福海

北京一位出租车司机在马路上拉活儿,一位法国女郎上了车,说一口流利的中国话,她告诉司机:"你拉我到中央电视台。"

司机说:"你是上中央电视台附近呢?还是去中央电视台?"

"嘿!我不是告诉你了吗?我去中央电视台,要是去那附近,我就告诉你去中央电视台附近了。"她还是一口的北京腔。

司机说:"你一个外国人能进去吗?"

要是搁别人,说我能进或应付一句也就完了吧。可这位法国女郎不这么说,她一拍司机肩膀,还左右看了看,然后悄悄地告诉司机:"我是小偷!"

"啊? 你是小偷?"

"对! 你头里引路,我去偷,偷完了咱俩一人一半。"

"嘿,有这样说话的吗?"

他琢磨这个外国女郎还真有意思。

有一天,这个司机到剧场去看演出,他发现,说相声的法国女郎竟是那个"小偷"!听主持人说她是丁广泉的洋弟子李继霞,这才知道,那天她是"砸挂"呢!

老一辈的相声演员都注重人才培养,要求也严格,虽然新中国成立后没有打徒弟的了,但挨骂是经常发生的。下篇咱讲"刘文亨挨骂长能耐"。

津门竹印瓜蒂印铜印雅趣多

姜维群

天津治印人多,多以寿山、青田、巴林石章刊刻。但其他材质的印章别有雅趣,如竹根印,华非、刘栋喜刻,古意盎然。刘栋于竹根印外刻古藤印、木印,雅意四射;龚望、张福义喜用瓜蒂刻印,朴拙别有情趣;王少杰专攻铜印,曾完成《心经》《三十六计》套印,动辄百方,并有一笔不苟之边款;曾昭国在特殊年代没有石头,用磨刀石制印,亦别具一格;刘恒为过刻石瘾,刻了不少六面印,堪称面面皆精。

拈毫留得洛花香

王振德

清末民初的津派花鸟画家,大多喜画牡丹,且为牡丹作诗,姜毅然先生便是其一。笔者见过他十余幅牡丹图,题诗各不相同,新中国成立后题诗尤具新意,如"欲从纸上观飞动,晕碧裁红下笔难,好借神州春绚烂,移来生气满毫端"。

姜毅然,名世刚,字毅然,号十二石山堂主人、宜风宜月楼主。其父姜择善系清末举人。他8岁学张兆祥的双勾填彩及没骨花卉,10岁仿张兆祥《百花诗笺谱》。经严台孙指点,改学明徐青藤、陈白阳诸家,继为罗朝汉入室弟子。22岁以诗文书画为生,29岁入北平艺专研修,遍学京城工写大家,书画俱进。31岁创办毅然画会,办展授徒,画名益振。

新中国成立后,姜毅然先后在天津人民美术出版社和杨柳青画社工作。其工笔花鸟《老少年与和平鸽》入选全国首届国画展。其《七彩牡丹》《绣球》《金碧葡萄》等在国内外展览,好评如潮,如其所题:"开落不随春去住,拈毫留得洛花香。"

刘文亨挨骂长能耐

孙福海

第四代相声"掌门"张寿臣,威望特别高,但有一个毛病,就是爱骂人。可刘文亨却说:"我就喜欢挨我师爷张寿臣的骂,挨了骂,长能耐。"

这是为什么呢?张寿臣在业内人称"相声大夫",20世纪

60年代初，他每周用半天的时间给全市的相声演员上大课，听课的是谁呢？有马三立、郭荣启、常宝霆、苏文茂及各个团的骨干。

他也经常到各个剧场去听相声，在这个过程中给晚辈传艺。有一回，他到南市红旗戏院，在后台听了刘文亨的一段《渭水河》，他很喜欢刘文亨。没想到，在结尾时"包袱儿"没响，下台以后，张寿臣把刘文亨臭骂了一顿："你这是人使的活吗？说相声的底不响……"

张寿臣骂得刘文亨两腿打战，骂完了说："我告诉你，到了'道号是飞熊'这句，你得停一下，再有，你把后头那个唱腔去掉，这个'包袱儿'就响了！"

刘文亨按张寿臣说的一试，"包袱儿"不但响了，而且还是个"大雷子"，所以刘文亨说："挨骂长能耐。"

张寿臣还有一位入室弟子叫刘宝瑞，人称"单口相声大王"，他在成名以后，仍然挨师父的骂。这是怎么回事呢？下篇咱讲"刘宝瑞在骂中成名"。

天津书画家后人著文办展尽孝

姜维群

天津文风民风均敦厚，一些著名书画家过世后，其子女后辈以办展、出画册、整理遗作和回忆著述为尽孝之道，让人感动。龚望次子龚绶近年整理乃父书法文稿出版十数本书；海派画家彭钝夫之子彭成秋为父亲出画册，发表文章万余字追忆；刘维良、刘维哲兄弟的子嗣孙辈刘长兴、刘长年、刘晓雷给先人办展、开研讨会、做专题片等。此外梁崎的女儿梁霄鸾、李叔宏的儿子以及小写意花鸟画家萧朗的儿子萧珑等都不遗余力办展出画册，尤显沾上"文化"孝道。

《弘一大师全集》修订版

王振德

2010 年 10 月，由学诚法师、陈珍珍、陈祥耀、周焜民、王尔康、吴幼雄、林长红等 14 位学者编辑并修订的十卷本《弘一大师全集》修订版，是在 1991 年出版的《全集》基础上进行全面校勘、增补、订正的最有权威性的弘一文献。

这部《全集》按弘一大师的佛学论述、佛学经典句读校注、华严集联、佛学讲演录、传记、序跋、文艺、杂著、书信、书法、附录等内容分为十卷，由福建人民出版社出版发行。这是参编人员长达 22 年持续操劳的成果，体现出以弘一精神编辑弘一著作的风范。

编辑们尽可能刊用大师手稿、照片及书画原稿的影印件，使全集图文并茂、真实可信，也令当前做假字假画者不攻自破，更令日后以假充真者手足无措。由此可见学诚法师、陈珍珍等 14 位学者对弘一的尊崇和敬重，这不仅为广大读者提供了最为可信的经典，而且也是对以假字画骗财之流的警诫。

刘宝瑞在骂声中成名

孙福海

20 世纪 60 年代，中央广播说唱团的团长是京韵大鼓少白派的创始人白凤鸣。

有一天，他跟刘宝瑞说："我到天津去看你师父了，你师父骂你了。你赶紧上天津到你师父那儿去。"刘宝瑞说："什么事啊？"

白凤鸣说:"不知道!"

刘宝瑞心里纳闷儿,也挺着急。那时候,北京到天津没现在这么方便,他一宿没睡,到了第二天,坐了头班京津火车到了天津。一进门,张寿臣就开始骂:"你在电台录的那个《三性人》,是人使的活吗?"又骂上了。

《三性人》也叫《日遭三险》,是说一个县官要找三种人:找一个急性子,找一个慢性子,还找一个爱贪小便宜的,结果这三个人因为性格的原因把县官的事全弄乱了。

骂完了以后,他告诉刘宝瑞,你哪点哪点不行,然后把整个"活"给捋了一遍。后来,刘宝瑞重新录了这段相声,就是我们现在听的《日遭三险》,它也成了刘宝瑞的传世之作。所以,刘宝瑞说:"我是在骂声中成名的。"

张寿臣爱骂人,可也挨过同辈人的骂。谁能骂他呢?下篇咱讲"陈荣启痛骂张寿臣"。

孙伯翔喜欢请学生在家吃饭
姜维群

书法家孙伯翔学生众多,许多是外地学生。有个湖南在津打工的学生,不时拿作业请老师批改,经常被留下用餐。那些从外地赶来的学生更是座上食客,他甚至还给生活困难的学生买回程车票。孙伯翔还经常示范写擘窠大字,写完了有的直接送给学生,弄得学生十分过意不去。他却说,到老师家就到自己家了,甭客气。显示了天津人的豪爽。

齐白石女弟子凌成竹

王振德

凌成竹,名颂懿,字成竹,号眉琳、江岭等。1928年考入北平大学艺术学院,随齐白石攻习花鸟画。

凌成竹于20世纪20年代中期参加李苦禅、赵望云创办的"吼虹画社",后与李苦禅结为伉俪。其子李杭现为著名画家,其兄凌子风是著名电影导演。她才华横溢,曾任《大众电影》《中国画》等刊物编辑。1960年调入河北艺师(今天津美院)任教,教授美术史论、写意花鸟等课程。1968年在"文革"中遭迫害致死。

作为大写意花鸟画家,凌成竹作品和笔墨豪纵,气势壮澜。她20世纪30年代已崭露头角,先后在天津、杭州、昆明、上海等地举办画展,受到于右任、沈钧儒、李济深、王森然等名流的一致称赞。2008年出版大型精装《凌成竹画集》,尽展其才女风华。

陈荣启痛骂张寿臣

孙福海

张寿臣在旧社会时染上了吸大烟的毛病。天津解放后,所有的鸦片馆全封了,可他的烟瘾太大了,实在控制不了。有一天跟给自己捧哏的师弟陈荣启说:"师弟,咱俩到西北去演出吧!"

"哦,到西北?没问题,您走哪儿我跟到哪儿。"陈荣启不知张寿臣去西北的目的。

到了西安,那儿也解放了,张寿臣照样买不着鸦片。没办法,他偷偷摸摸地买了海洛因。

当他正要吸的时候，陈荣启一脚踹门进来，走上去"啪"一巴掌就把毒品给打飞了。陈荣启厉声对张寿臣说："师哥！你也是有家小的人了，如果还吸毒，对不起！从今以后，我没有你这个哥哥，你也没有我这个弟弟，咱们一刀两断！"

听完这话，张寿臣流下了眼泪。

他二人回到天津，张寿臣戒了大烟，但他始终不忘陈荣启。他说："古人说得好，'益者有三友，损也有三友'。交友难，交诤友更难！我交到了陈荣启，他才是我真正的朋友！"

相声演员有许多有意思的事，下篇咱讲"苏文茂夫妇'砸挂'"。

刘止庸画鱼不画鱼肚皮

姜维群

刘止庸画鱼曾风靡国内外，被外国友人赞为齐白石的虾、刘止庸的鱼。他画的鱼灵动富于神采，颇受世人喜爱。刘止庸曾这样对笔者"坦白"：第一，我画的鱼我也不知是什么鱼。第二我画的鱼不画肚皮。他说曾在池塘边反复观察过水中的鱼，鱼游起来看不到肚皮，其与水融为一色。画鱼画肚皮，鱼反而失去灵动。此为刘止庸画鱼之秘诀也。

花鸟画家分工与感悟

王振德

1959 年秋天，天津国画研究会的画家们在美协聚会，重点讨论每位画家的具体创作问题。国画研究会主任刘子久提出建议："当代大画家往往以一种题材名闻天下，如齐白石画虾、李可染画牛、黄胄画驴等，在座诸位是否参考一下，各自精通一种题材呢？"花鸟画家们率先响应，经过协商，当场即统一了认识。

当年大致分工如下：萧心泉以菊为主，张其翼以猿猴为主，溥佐以马为主，孙其峰以鹰为主，萧朗以鸡为主，穆仲芹以鹭鸶为主等。各有专攻，互不妨碍，大家都很高兴，会后也都搞出了各自的作品，赢得了各界人士的广泛好评。

"文革"后，文艺逐步兴盛，花鸟画家们感悟到新时代的脉搏，淡化了以往分工的概念，努力顺应改革开放的社会需求，开始了彰显艺术个性、修为个人风格的创新之路。

苏文茂夫妇"砸挂"

孙福海

苏文茂的前妻武艳芳是著名的河南坠子演员，在 20 世纪 60 年代不幸病故。他后娶的老伴吴姨非常贤惠，结婚以后，精心伺候武艳芳的母亲和苏文茂的母亲，为她们养老送终。武艳芳去世后，留下的几个孩子都年幼，她又把他们抚养成人，自己没再生育。

吴姨是学医的，她见苏文茂不喜欢运动，愿意打牌，便劝他，说:"你老是不动,两条腿慢慢就没力量了!"可是劝不动,怎么办呢?她便找理由,说:"文茂,你去把土倒了吧!"

苏文茂懒得动,说:"这可不行,倒土,倒土……我打牌刚赢了一点儿钱,你一说'倒吐'!不吉利,我不去。"

他老伴还真有办法,说:"倒土你不去呀?好!炉子上的水开了,你去灌壶吧!我告诉你,灌壶可吉利……"

"为什么呢?"

"你'满灌(满贯)'呀!"

"好'包袱儿'!"苏文茂哈哈大笑,说:"这活儿我干了。"他后来还把这段"砸挂"写进了自己的作品。下篇咱讲"姜昆拿关牧村'砸挂'"。

赵伯光刻砚绝技津门独步

姜维群

书法家赵伯光小楷精到,隶书尤擅。特别是他研究汉简和帛书多年。功夫不负苦心人,他创立的"赵氏帛书",被书法界誉为中国帛书第一人。其实他的刻砚功夫独到,堪称独步。其在砚石上刻蝇头小楷,持刀像持笔,提、按、顿、挫一如毛笔行走自如。只是写撇时,由下面的尖处往上"写",此等功力真让人看得目瞪口呆,佩服得五体投地。

龚望的书画收藏

王振德

2003 年秋，天津市地方志办公室在周邓纪念馆举办了"龚望先生收藏天津书画家作品展"，观者如潮，原定半个月的展览顺延至一个月。

龚望先生一生致力于国学研究，曾在天津县史编纂处及崇化学会工作，晚年以书法家和佛学家名闻中外。

他在诸多文物收藏中，特别重视乡邦文献的搜集和传承工作。在其子龚绥等人协助下，曾自费刊行《欲起竹间楼文集》《梅树君先生年谱》《刚训斋集》《李叔同印存》等乡贤著作。此次展出的乾隆年间金玉冈《醉蝶图》、朱岷《墨石图》、乔耿甫《草书文赋轴》及近现代严修、李叔同、顾叔度、张体信等乡贤书画精品，充分证明了他是勇于传承并弘扬天津先贤的人士，被天津民众所崇敬。

姜昆拿关牧村"砸挂"

孙福海

姜昆与关牧村在北京总见面，还经常与几位说得上来的朋友小聚。有一次，他俩与殷秀梅、李谷一、韩美林、徐沛东等人一起吃饭。由于性格、爱好相投，韩美林说："什么曲艺家协会、音乐家协会、美术家协会，咱们才是一个协会。"

大家问："咱们是什么协会？"

韩美林说："咱们是'傻协'。"

"傻协？"

"对！咱们都没有弯弯绕，都够傻，所以咱们都是'傻协'的！"

"我们才不傻呢！我们什么都知道！"

姜昆说："行啦！咱先吃饭吧！"他问服务员："有什么饮料？"

服务员说："我们这儿的奶制品特别好。"

姜昆问："都有什么奶啊？"

服务员说："有热奶、冰奶、酸奶、咖啡牛奶、玫瑰牛奶……"

姜昆打断他："有猴儿奶吗？"

关牧村马上说："我要猴儿奶！"紧接着殷秀梅等几位女演员都抢着说："我也要猴儿奶！"

姜昆说："这么多人要猴儿奶？得等！"

关牧村说："还得等？等多长时间啊？"姜昆说："母猴儿还没怀孕呢！"包括服务员在内，全都乐得直不起腰啦！韩美林还给翻"包袱儿"，说："咱确实都是'傻协'的！"

姜昆在外面吃饭，很少有唐杰忠，而且他为什么不演出了呢？下篇咱讲"唐杰忠退出舞台'还债'"。

耿仲敭题匾额天津最多

姜维群

耿仲敭是华世奎入室弟子，师生二人过从甚密，存有一些华世奎的信札和书作。其追随华世奎多年，字体终生不离乃师左右。其擅长写大字，且字字端正笔笔挺括，牌匾多大他的字写多大，从来不写小字再放大，认为那样有辱师门。20世纪80年代，食品街及和平路商铺集中的地方，多见耿仲敭题写的牌匾，都是方方正正的耿氏"华体"，而且"数量"第一。

左月丹作画以生驭熟

王振德

20世纪80年代,天津市红桥区政协组建书画联谊会,由梁崎、龚望、穆子荆、左月丹等书画家组成理事会,笔者应邀忝列其中,自此与左月丹等前辈结缘。

左月丹(1920—2014),名澄桂。其蒙师前清秀才王士良将"澄桂"引申为"澄月丹桂",而赠其字号为"月丹"。他17岁考入天津美术馆国画正班,随刘子久学画山水。20岁所临五代画家巨然的《溪山兰若图》卷,已具笔墨神韵,甚受子久先生赞赏,就此步入独立创作的书画生涯。

新中国成立后,先生一边教学,一边作画。因读晋代葛洪《抱朴子》,感悟书中"愿加九思,不远迷复焉"之句,将自己书房名为"九思堂"。认为作画不应墨守成规而驾轻就熟,而应依据情意去以生驭熟,每幅画都应追求新创意新格局,如其所言:"三思运笔墨,九思成画图。"如今斯人已逝,丹青犹存。观其作品,章法变幻极多,这或许是其作品日趋受人爱重的原因之一。

唐杰忠退出舞台"还债"

孙福海

近年来,总有人问我:"为什么唐杰忠刚到60岁就不给姜昆捧哏啦?他身体那么好,为什么执意要退出名利双收的舞台呢?"

唐杰忠1964年拜刘宝瑞为师,并调入中央广播说唱团。当时他创作演出的相声《柳堡的故事》,在全国引起轰动,而且还是刘宝瑞给他捧哏。1974年组织上安排他给马季捧哏,留下了《友谊颂》《桃花源记》等大家耳熟能详的作品。1985年他又接替李文华给姜昆捧哏,而且还是姜昆的入党介绍人。

1993年唐杰忠刚到60岁,便提出把自己的舞台让给戴志诚。他为什么这样做呢?他说我得还我爱人的债。

唐杰忠觉得欠自己爱人的,为什么呢?她爱人三次生孩子,他都没在身边。有一次她受了工伤,胳膊缝了十几针,也不告诉唐杰忠。她认为,唐杰忠在外地演出,是逗大家笑,如果他情绪不好,怎么能逗大家笑呢?她付出的太多啦!

所以唐杰忠舍弃名利要还债,并说:"照顾老伴比赚钱更重要。"这也是一种美德,一种境界!

相声演员的义气体现在许多方面,即便是在"文革"中也很少有徒弟打师父的。下篇咱讲"一次特殊的揭发"。

用宿墨宿色的书家画家

姜维群

何谓宿墨,就是在砚台里过了一夜的墨,说白了,书画家的砚台用过要天天洗不能留墨,留的墨没洗叫宿墨,不好用。颜色也是如此。然而北碑章草大家余明善很少洗砚,书法总用宿墨。画家萧朗的调色盘经常不洗,上面花花绿绿的,然画画用毛笔在盘上看似随意调理,但画在纸上颜色十分精准不说,配比还异常"复杂"。所以鉴赏二位书画家作品真伪,要看是不是"宿墨宿色"。

当代帛画的开创者
王振德

帛画是一种绘制在绢、纺、纱、绉、绫等丝织物上的国画，在我国至少有三千余年的历史。现今见到最早的帛画，当属 20 世纪出土的湖南长沙战国楚墓帛画及马王堆西汉墓帛画。自晋顾恺之创作《女史箴图》卷等绢画以来，又形成一千六百余年文人画绢的历史传统。现当代画家画绢的情况锐减，遑论帛画的研究与创作了。

令人欣喜的是，上海画家穆益林携其三十余年帛画创作与研究成果，到天津美术馆隆重展出，让我们大开眼界。

穆先生 1944 年生于上海，青年时在上海美专得到吴大羽、颜文樑、程十发、江寒汀等名师指导。1983 年偶然用绢蒙在画上"拷贝"，惊喜发现绢上纹理奇妙变幻，开始探索工笔、意笔、没骨等帛画法式，运用现代艺术构成和光影叠透等理念，吸纳历代绢画反工艺染织的营养，终于创作出融色彩、光影、意态、动感、梦幻为一体的当代帛画。

一次特殊的揭发
孙福海

于春明是第五代相声艺人，他有两项特别的本事。第一个是相声业内称他是"东北第一杵门子"，"杵门子"就是说在过去"撂地"的时候，谁敛钱也没有他敛得多；另一个就是"白沙撒字"，侯宝林就曾向他学习"白沙撒字"。

于春明对待弟子们也特别好。无论是他亲自教的徒弟,还是没有拜过师的,他都悉心传艺。"文革"时,他被打成反动权威,但谁都不揭发批判他。据笔者考证:由于相声界始终保持着严格的具有传统美德的师徒关系,在"文革"中基本没有徒弟打师父的。

弟子们都不批判,工宣队不干啦,说:"不行,你们必须揭发,否则都进牛棚!"

怎么办呢?有一个徒弟在批斗大会上站出来了,说:"我揭发!我揭发于春明!这于春明太不像话了,在节粮度荒的时候,他教我们《报菜名》!当时我们都吃不饱肚子,教我们报这么多的菜……哎呀,把我们给馋得呀!菜名中好多肉啊!您说那么多肉……"

工宣队说:"得得!甭揭发了,你这不是揭发,是馋的!"批斗会开不下去了,满堂的笑声!

相声演员的机智还表现在针砭时弊上,刘宝瑞就是让人敬佩的一位佼佼者,下篇咱讲"刘宝瑞讽刺国民政府"。

刘奎龄是百兽百羽画王

姜维群

画家画走兽画翎毛各有所长,黄胄画驴、齐白石画虾,刘止庸画鱼、慕凌飞画虎、梁崎画鹰、溥佐画马,等等。漫画家米谷晚年攻国画专画鸭,其斋号"千鸭堂"。从画动物类别多少看,刘奎龄当居翘楚,他的画堪称一座动物园,百兽百鸟无不靡备,有一幅画叫百兽图,画了几近百种动物,他就是中国画坛一位"百兽百羽画王"。

津派国画谱系

王振德

天津建卫六百年来,书画艺术积健为雄。至清末民初,"津门四子"成为津派书画的领军人物。为首人物张和庵世居天津,早年师从津门大家孟毓梓,花鸟、山水、人物、书法俱精,尤以写生牡丹、荷花闻名遐迩。其《百花笺谱》于光绪末年由文美斋印行,使津派国画风靡海外。其余三子为马家桐、王铸九和徐子明,皆笔精墨妙,德高艺馨。

"津门四子"誉满津城,弟子众多,最为卓著者为"津门五老",即刘奎龄、刘子久、陆文郁、萧心泉、刘芷清,他们是"津派国画"第二代的核心人物。另有李叔同、陈少梅、赵松声、彭旸、巢章甫等名家,皆为明星闪烁古今。

"津门五老"的弟子王颂余、孙克纲、赵松涛、穆仲芹四人,加上来自北京的孙其峰、萧朗、溥佐和王学仲,合称"津门八家",亦即"津派国画"第三代核心人物,另有梁崎、姜毅然、李昆璞等名家,传承有序,绵延至今。

刘宝瑞讽刺国民政府

孙福海

单口相声大王刘宝瑞14岁在天津"三不管"做学徒,师父是张寿臣。他有着鲜明的爱和恨,敢在台上针砭时弊。他18岁时给马三立捧哏,有一次出门演出,在轮船上竟然饿晕了,马三立拿了别人的一个烧饼才把他救活,所以他对当时的社会更加失望。

有一年,国民党召开伪国大,会上争议是否迁都的问题,报纸上铺天盖地地报道。于是刘宝瑞在台上给出主意:"迁都的事我有看法,迁哪儿呢? 南京? 不成,不能去南京,因为南京就是'难经'啊! 政府迁到那儿去,就有一本难念的经;有人说了,咱们去广州? 去广州也不行。为什么呢? '广粥',政府人员'广'得喝粥! 我们国民政府光喝粥,这哪行呢;于是又有人出主意,广州也不行,还能哪儿呢? 对,上汉口! 这个好吗? 也不行,到了汉口,就把人的口都焊住了,那我们国民政府不是连粥都喝不了啦……又有人说,咱迁都到合肥! 迁合肥也不行。合肥就是'河肥',国民政府在河里头才能肥,这受得了吗……"这段台词,是一句一个"包袱儿"。

说到这儿,刘宝瑞讲:"最后我有主意了,迁都最好的地点选着了,最好在刘家屯。为什么选那儿呢? 因为那是我的老家呀……"

还有一位相声演员叫欧少久,他在台上竟敢戏弄蒋介石。下篇咱讲"欧少久戏弄蒋介石"。

天津书画家穿戴讲究和不讲究

姜维群

总体来说,天津书法家画家在衣着穿戴上大都不在意,很随便。较在意讲究的如李鹤年、慕凌飞。李鹤年是大药房的少东家,自小就注意仪表。晚年的他花白头发一丝不乱,胡子刮得干干净净,很考究的一身中山装,愈显风度翩翩。慕凌飞跟从张大千多年,吃穿必然讲究,所以总是西装革履,走路不疾不缓。书法家龚望衣着随意,总是本白布衫疙疙瘩瘩,圆口布鞋缅裆裤,本是不讲究,却成为别样的"讲究"。

津派书法谱系

王振德

"津派书法"承续清康乾嘉道文脉书风,以二王法帖、颜(真卿)、欧(阳询)、苏(东坡)、赵(孟頫)、董(其昌)为宗,兼取金石派与崇碑派之长,在清末民初,形成了以华(世奎)、孟(广慧)、严(范孙)、赵(元礼)为代表的地域性书派,他们突破了馆阁体的束缚而走向了现实与民众,格调高雅却又雅俗共赏。同代书法名家还有徐世昌、严复、梁启超、王世镗、顾叔度、傅增湘、张体信、刘嘉琛、章梫等人。

"津派书法"第二代活跃于20世纪20至50年代,他们注重品德和学识的修养。代表人物有李叔同、王襄、吴玉如、郑诵先、张君寿、李学曾、王吟笙、陈邦怀、宁斧成等人。

津派第三代书法名家活跃于60至90年代,他们学养高深、德艺双馨、桃李芬芳。代表人物有王颂余、王景鲁、李鹤年、龚望、余明善、孙其峰、王学仲、梁崎、周汝昌、严六符、阎丽川、穆子荆、冯星伯、刘松庵等人。

欧少久戏弄蒋介石

孙福海

欧少久1911年生于天津,幼小学戏,在台上翻跟头摔成了残疾,之后只得在河东地道外靠卖报为生。李寿增看他可怜,就把他收到自己门下,并给他起个艺名叫"小地梨儿"。

在国民党统治时期,欧少久在台上讽刺了一次总统蒋介石。

他说："人的名字呀，都跟命运有关。举个例子来说，道光皇帝，一听他这名字，就知道这个江山呀，他坐不长。为什么呢？从姓名学的角度讲，道光——'盗光'，他把大好河山全都'盗光'了，江山能坐得住吗？

"道光垮台以后谁当皇帝了呢？光绪。光绪这名字也不怎么样，光绪——光'续'，江山都没了，你还能'续'得上吗……

"光绪之后又是谁呢？宣统。宣统这个名儿也不好，宣统就是'悬桶'啊，大家想想，桶要是在半空悬着，能不掉下来吗？

"宣统完了，就是袁世凯当大总统。袁世凯大总统也长不了，为什么呢？大总'捅'，他老'捅'，还不把自己给'捅'下来了吗？

"袁世凯下台以后，就是我们现在的蒋总统了。蒋总统可比前面那些人聪明多了，蒋总统——'讲'总'捅'，就是咱们先'讲'好了你再'捅'，他早晚得被'捅'下来！"这就是欧少久在台上给蒋介石算卦的故事。

在 1938 年，欧少久还与老舍合演过相声，在表演之前一句词都没准备，全是临场"现挂"。下篇咱讲"老舍'现挂'说相声"。

画家刘荫祥的"实话"

姜维群

刘荫祥大写意花鸟画被喻为"并不狂奔的黑马"，总是稳稳而来，准准抓人眼球，新意绵绵不断。他作画从不故作高深，说话亦如此，他说在读过的书中，有两本书的两句话让他终身受益。小学时他看了一本薄薄的《论天才》,记住了"不是劳动创造了世界,而是创造性的劳动创造世界";后来《开发人的艺术潜能》中也有一句话:"知识结构决定人的意识结构。"以上两句话让他悟出,人必须做创造性劳动,人必须构建好自身的知识结构。

天津美院奠基人傅增湘

王振德

傅增湘字沅叔、润叔，号双鉴楼主、藏园老人、清泉逸叟等，出生于四川安江县，少年时移居天津，是著名教育家、学者、诗词书法家和鉴藏家。

傅增湘祖父傅城官至河北通判，父亲傅世榕曾任怀安知县，皆博学善文。他于 1898 年考中进士，历任翰林院编修、国史馆协修、直隶提学使等职。傅增湘于 1906 年 6 月 13 日（清光绪三十二年四月廿二日）创办了北洋女师范学堂（天津美院前身），之后又在京津冀地区创办多所女子学堂，成为开创中国现代教育的先驱。民国年间，先后任内阁教育总长，故宫博物院图书馆馆长，致力于目录学、版本学、文献学、校勘学研究，著有《藏园群书经眼录》《藏园群书题记》。晚年将平生珍藏数千册善本书捐献给国家图书馆，其义行善举，有口皆碑。

傅增湘一生书不离身，笔不离手，行书楷书俱佳，风格典雅灵动，得其墨迹者视为珍宝。

老舍"现挂"说相声

孙福海

1938 年在重庆举办了一次全国文艺界抗敌协会的联谊活动，活动中有人喊："老舍先生来一段相声。"

老舍发现说话的是天津演员欧少久，便说："咱俩来段相声吧？"

"演什么呢？"

"你在台上随便出上联,然后我来对下联。"

"好! 我先出个上联:坐着走。"

老舍问:"坐着走是怎么回事？"

欧少久解释:"演出完了,叫来一辆胶皮,我坐着走。"

老舍先生马上应对:"我对'起来睡'。"老舍解释:"那天我在沙发上坐着打盹呢,老伴喊我,起来睡！"

欧少久说:"我再出个上联,'小大姐,上下庙,走的东西南北路'。"

这个也难不住老舍,他说:"我对'中青汉,站山坡,手搭凉棚转磨磨'。"

"您怎么还转磨磨呢？"

"是啊,您把东西南北都给占了,我可不就转磨磨吗？"这个"现挂"抖出来之后,观众是哄堂大笑。

欧少久又出一个上联:"和尚端汤爬塔,塔滑汤洒烫塔。"意思是说,和尚端着汤爬塔,塔滑所以汤洒了,烫着了这个塔。

老舍说:"好,我给你对'少久欧酒下楼,楼陡欧呕少久'。"不仅合辙押韵,而且把欧少久也给对进去了,说他喝完酒吐了。

第二天,重庆大小报纸都宣传老舍在台上说相声的事,还评论说他这个"现挂"翻得如何惊人。老舍才华出众,欧少久也表现不凡,下篇咱讲欧少久师弟的事——"孙少林挑战裘盛戎"。

陈骧龙"挥金如墨"玩奢侈

姜维群

陈骧龙在书画上最是大方，敢投资，别人写字用墨他用赤金；别人用白宣纸，他专门订制瓷青纸；别人画画用商店卖的国画色，他用昂贵的矿物颜料，而且石青石绿朱砂铺满纸。至于裱画，非杨柳青画店几位老师傅莫属。所以他的书画作品成本很高，特别是他的"金书"，金中泛赤，笔画堆金，无人可敌。

天津美院校史上首位总教习

王振德

据《藏园居士六十自述》记载，负责北洋政府教育的傅增湘于1904年结识女权领袖人物吕碧城，"喜其才赡学博，高轶时辈"，聘她任北洋女子公学总教习，是首位总教习。

1906年，按傅增湘"学术兼顾新旧，分为文理两科，训练要求严格"的办学方针，在女子公学增设师范科，校名改为北洋女子师范学堂（天津美院前身），吕碧城继续出任总教习，成为兼任学堂监督傅增湘的得力助手。其在天津美院校史上的地位显而易见。

吕碧城，名兰清，字循天，号明因、圣因，法号莲因、宝莲等。安徽旌德人。自幼受父亲吕凤岐（光绪进士，历任国史馆协修等职）、母亲严士瑜（擅诗文书法）启蒙，攻习诗文书画。13岁因父殁家败而赴津投靠舅父严朗轩，奋发苦读，并赴日本、美国考察教育，研习美术。回国后发表倡导女权、倡办女学文章。

吕碧城诗文书画俱佳，尤以诗词轰动天下，芳踪遍布欧美，有《鸿雪因缘》等多部著作传世。

孙少林挑战裘盛戎

孙福海

在相声界，人们常说北侯（宝林）南张（永熙）中少林。这少林是谁呢？他姓孙，天津人，9岁拜师李寿增，乳名"大来子"。

"大来子"是穷人出身,所以没有名字。当时天津很多观众都知道"大来子",因为他是第一个把戏曲武功糅进相声的。直到1941年他去济南,马三立说:"你不能再叫'大来子'了,叫孙少林吧!"

孙少林能耐大,有一次刘宝瑞给他捧哏,他发现台下坐着京剧名家裘盛戎,于是在台上临时决定说《杂学唱》——他要在裘盛戎面前学唱。刘宝瑞把心都提到嗓子眼儿了。

孙少林艺高人胆大,不但开了《杂学唱》的活,而且还要学唱裘盛戎的《铡美案》。当他唱了一句"包龙图打坐开封府"的时候,台下掌声雷动。刘宝瑞"捧"的也好,说:"啊,您唱得真好,真有裘盛戎的味儿!"言外之意是告诉裘盛戎,我们学您点儿味儿,您别过意。可没想到,孙少林说:"不光你认为我唱得有味儿,我问问裘先生,您看我唱的这段有味儿吗?"

"啊,裘盛戎在底下?"观众一片哗然。

裘盛戎赶紧站起来,说:"好,好,你唱的不但有味儿,而且唱的比我都好!"观众又是一片掌声。

孙少林有本事,可新中国成立后为什么没在天津舞台露面呢?这是一件轰动全国相声界而又从未揭秘之事,下篇咱讲"张寿臣教育孙少林"。

刘维哲外文入印津门独步

姜维群

书法家篆刻家刘维哲辅仁大学毕业,英文和古汉语均佳,其行书灵动自然,别有自家机杼。他的篆刻师从寿石工,尤得寿印之神髓。特别是 20 世纪 80 年代刚刚改革开放,外国友人来津,喜欢中国印章。刘维哲以英文字母、日文入印刻成名章,既不失中国印章之古韵,又用英文、日文将名字很艺术地表现出来。外文入印,这在天津没有先例,在全国亦无耳闻。

朱氏兄弟的书画艺术

王振德

天津宝坻高庄户村(今属尔王庄乡)的朱氏兄弟朱茂攻与朱茂关,相差5岁,但经历相似,同为书画名家。

兄弟俩自幼受父亲启蒙,酷爱临摹郑板桥的兰竹石头与书法。青年时代同赴北京做盐务工作,有机缘拜吴昌硕、齐白石为师,曾与吴昌硕、齐白石等师友举办联展,并走入书画圈。

哥哥朱茂攻,字子奇,号兰陀,又号庸,斋号味兰轩。晚年专画兰花与石头,并加进恽南田笔意,每画多题自诗,如其题《双兰》云:"花花叶叶四时开,墨痕如雨润苍苔。幽香毕竟超凡卉,领导群芳翻身来。"可知其立意不凡。

弟弟朱茂关,字子德,号本,斋号拳石山馆。其画注重祥瑞氛围,颇受观众喜爱。他擅长山水与花鸟,工笔、写意俱佳。齐白石曾以自画《残荷图》换其工笔《雄鸡图》。中年后回乡任小学教师。新中国成立后加入中国美术家协会。登门拜师者甚多,著名弟子有李昆璞等人。

张寿臣教育孙少林

孙福海

相声界有"北侯(宝林)南张(永熙)中少林"的说法,孙少林红遍山东、河南等地。这么一位大家,为什么久未在天津露面呢?此事成为世纪之谜。

旧社会成长的艺人,有了能耐,难免有些傲气。有一次他见到侯宝林，说："你是大师啦？大师会唱'黑头'吗？我唱两句你听听！"他给侯宝林一个下不来台。

1951年"小蘑菇"在朝鲜牺牲后，他认为他应在天津扛大旗，便来津找到"小蘑菇"的师父、自己的师大爷张寿臣。张寿臣一听他的意思便说："好啊，我给你捧哏。"第一场他们在新声戏院演《八大改行》，观众称孙少林的表演与侯宝林不分伯仲。他更美啦，还要演以说见长的《对对子》。

按规矩，使这块活，逗哏的应主动找捧哏的对活，他没找张寿臣，张寿臣却提前到剧场找他说："咱爷儿俩对对活。"孙少林说："您拉什么上联，我就对什么下联。"演出中，张寿臣说："你再对对这个上联：猫卧墙头，风吹猫毛，毛动猫不动。"哎哟，孙少林不会这个对子。张寿臣火了，在台上把他严厉地训斥了一通，然后告诉他下联是："鹰落树枝，日照鹰影，影斜鹰未斜。"

从此孙少林再没来天津，此事为业内留下了诸多思考。

人非圣贤，谁能无过。离开天津后，孙少林虚心为艺为人，仍然是受人尊敬的大家。下篇咱讲"谁创作的'八大改行'"。

单体乾转益多师书法称大家

姜维群

2014年，为百岁冥诞的书法家单体乾举办了一次书法展，让人读到了他书法的全貌。单体乾幼学柳公权和《张迁碑》，后从杨千顷学行草，写苏东坡《西楼帖》，此后再涉赵之谦的魏书。50岁以后从胡定九先生学龙门诸碑，基本奠定了他雄厚的魏碑功底。后拜吴玉如学行草，在本次展览上其"吴门行草"果然卓尔不群，人观之叹曰：吴氏行草有此家，不愧茂林得真传。

国画大家李鹤筹
王振德

李鹤筹(1896—1974)名瑞龄,字鹤筹,号枕湖、鹤道人,斋名枕石山房。生于山东德县十二里庄,幼年随父母移居天津,少年时代受到津派书画鼻祖张兆祥启蒙,立下书画之志。

李鹤筹中学毕业后,赴京拜金北楼为师,从临习宋元古画走向创作,1920年加入中国画学研究会。1925年担任中国画学研究会导师、评议,兼任燕京大学国画讲师。1927年担任北平艺专(今中央美院)中国画教授、主任。1930年返津服侍父母,转任河北省立女子师院(天津美院前身)教授,兼湖社画会评议。1945年调入北京师范大学任教,兼指导荣宝斋制色工作。

新中国成立后他担任北京中国画研究会理事,1954年加入中国美术家协会,1958年调入天津河北美院(今天津美院)任国画教研室主任。鹤筹先生德高望重,平易近人。其山水与花鸟皆造诣精深,曾与齐白石、陈半丁等名师合画《和平颂》,还为人民大会堂创作《燕山雄姿》等巨幅。

谁创作的"八大改行"
孙福海

许多传世之作,在相声词典或专家著述中都有记载,唯有《八大改行》却很少提及。为什么呢?因为其编演者,在相声门户中从没拜过师。这是不公正的,应该肯定其贡献。

此人名钟子良,是陈永泉的外祖父,满族正蓝旗,说相声是票友。他还创作了《卖五器》,创作背景是:当时德国公使丢了一块名表,德国人挨户搜查。当搜到钟子良家时,打了钟子良,为出这口恶气,他创作了《卖五器》。一个"包袱儿"是这么说的:

"八国联军打进北京,有人告密说我家有一个宝物。于是德国将军带着人,直接闯进我家厨房。没想到出现了一道闪光,一下子吓死了他们六个人,还吓跑了四个。后来签《辛丑条约》,德国人就是不签字,非要把这个宝物给他们。最后李鸿章召集了各国公使联合作保,让他们借用。德皇威廉二世、宰相俾斯麦特别高兴,抱着它照相、在欧洲巡展,而且还在巴拿马博览会上获了奖。您知道是什么宝物吗? 是——半拉锅盖! "他用半拉锅盖讽刺了他们。

《八大改行》的创作背景是,皇上"驾崩"艺术家不能再演戏了。于是,他创作了八位老艺术家全部改行的故事,题目也是由此而来。后来有的演员唱不了八位艺术家的八个曲种,便改名《改行》,一直演到现在。现在我们还在演人家的作品就不该忘记人家。下篇咱讲"侯宝林欠债"。

京津画家曾为国家创汇

姜维群

20 世纪 80 年代初,刚刚改革开放,国画可以出口赚外汇,于是北京一些老画家忙于创作外销画。叶浅予旗帜鲜明地说,不要把画都卖给外国人,留一点精品在国内,莫让子孙以后出国研究中国画。当时,天津外销画的窗口一直是劝业场杨柳青画店,实际上它是北京的荣宝斋分店,许多天津书画家的作品通过这里流向海外。

张大千的人文情怀

王振德

统观古今中外的文艺名人，皆有超越凡庸的人文情怀。其人文情怀有多大，文艺成就便有多高。张大千的人文情怀，可谓博大精深。

张大千是中国文艺史中难得一见的奇才和通才。他熟悉中国的儒释道玄，精通诗词、古文和书画，还懂日文和英语。在其最具盛名的书画领域，人物、山水、花鸟、畜兽兼善，且以独特风格流芳千秋万代。

张大千毕生追求并修炼至善至美的人文情怀。以国画而论，他全面师法古人，不仅临摹并研究所能见到的国内外历代史家画迹，而且深入敦煌莫高窟、榆林窟近三年之久，在 309 个洞窟里摹写魏、隋、唐、宋壁画近三百帧。他广泛师法自然，游历神州二十余省数百处名山胜迹，写生稿数以百计。同时赴欧、亚、南美、北美四大洲近二十个国家观光访友写生，在国内与溥心畬并称"南张北溥"，在世界与毕加索并称"东张西毕"，大千的人文境界可谓大矣。

侯宝林欠债

孙福海

在侯宝林的从艺生涯中，有记载、能够回忆起来的，共演出了 205 段相声。然而他在临终前，回想自己所演过的节目时，认为满意的只有《改行》《婚姻与迷信》《戏剧与杂谈》《三棒鼓》《买佛龛》《醉酒》《妙手成患》《戏剧与方言》《关公战秦琼》等十几段。这不仅体现了大师的谦虚，更可以看出他对自己的要求有多高。尤其是他还认为自己"欠了债"，不能忘记"还债"。他欠谁的"债"呢？

他一生中给毛泽东演了一百五十多段相声，而毛主席最爱听的就是《关公战秦琼》。有一次毛主席听完一遍后，觉得还不过瘾，说："再说一遍。"由此可见他是多喜欢这段节目。这段节目是侯宝林的经典，而他却在许多场合讲："我这段相声是1961年将定居在西安的相声前辈张杰尧接到北京，向他学的。"

实际上业内人都知道，对这段相声侯宝林做了较大的加工整理。他将"垫话"改成了旧戏园子的嘈杂和喧闹，将请堂会的主人改成韩复榘的父亲，并将最后的四句唱也改了，尤其是最后一句"你要不打他不管饭"，成为大"包袱儿"，这才使这个节目成为经典。可侯宝林不但首先宣传张杰尧，更把自己录音的全部报酬都寄给张杰尧，还"砸挂"说："我欠张老的债，而且这个人情债永远都还不完！"

侯大师的"砸挂"体现了其境界。他在天津有一个入室弟子黄铁良，在为人为艺上秉承了恩师的品德。下篇咱讲"黄铁良'现挂'补缺陷"。

大师废画草稿亦成珍藏品

姜维群

凡大画家作画态度严谨，常打草稿常废画。如花鸟小写意画家萧朗经常废画，一笔不如意就团掉或撕掉，其老伴偷偷收拾平整放起来。其画的一猪就是从废画中重新添改而成。孙其峰、王颂余、溥佐等纷纷题跋认为是旷世精品。

　　江苏国画院亚明作画草稿随便扔在画室，有人以此为如厕便纸，某人见了心急如焚，乘其不在每次"顺"出一两张。后请亚明题补名款，今日皆成珍品。

张大千的天津缘

王振德

书画大师张大千到过海内外许多地方，但多次莅临并举办两次以上画展的地方并不多，天津便是其中之一。

据天津鉴定家邢捷《张大千书画鉴定》等著述论证，张大千莅津至少有 12 次。或在大罗天（原鞍山道天津日报社）搞书画展销，或在永安饭店（今新华路天津美协）举办画展，或应好友之邀到天津进行创作交流。短则三五天，长则一两个月。他在天津的朋友除达官显宦外，主要有曹伯芳、方地山、范竹斋、赵盘甫、王雪民等人，多是鉴赏家或商人收藏家。津门存留的张大千作品，以范竹斋购存的《临唐宋元各家十二条山水》巨幅最为精妙。

张大千弟子久居津门者有刘君礼、李文渊、巢章甫、慕凌飞、金梦鱼、孙家瑞等人。其中风格最酷似张大千者，当为慕凌飞、孙家瑞二人。张大千的天津缘如其印文所述："东西南北人""南北东西，只有相随无别离"。

黄铁良"现挂"补缺陷

孙福海

黄铁良是侯宝林的入室弟子，在舞台上他给观众的感觉是憨态可掬，非常亲切。但他个子太矮，别人就拿他这个缺陷抓哏，说他是"阳光男孩"。

黄铁良说："既然观众是衣食父母，我在观众面前就永远是孩子。"他也认可"阳光男孩"的称谓。他 1937 年生人，今年已 79

岁了,前几年心脏做了 5 个支架,可他仍坚持在茶馆演出,所以大家又称他是"钢铁战士"。

有一次尹笑声在台上拿黄铁良抓了一个"现挂"。黄铁良说:"您不认识我了?"尹笑声说:"我想不起来啦。""哎?咱俩不是一起长大的吗?"

这时候尹笑声"现挂",说:"一起长大的?那你怎么长着长着就不长了呢?"

这时黄铁良必须反击,说:"不对,你没有平视,你眼有毛病,你现在平视看我……""平视?我平视看得见你吗?"尹笑声又拿他抓了一个哏。这时候黄铁良说:"你那眼啊,看人低!"

"哦,我成狗啦?黄铁良用"现挂"弥补了自身的缺陷。现在许多人都使这个"包袱儿"。

这个"包袱儿"的形成,也离不开尹笑声的机敏。下篇咱讲"尹笑声'现挂'劝架"。

启功贺学生婚礼写《秦始皇诏》
姜维群

书法家陈启智 1974 年结婚,偕新婚妻子看望老师启功,恰逢老师不在。事后启功赶紧写几幅书法寄去为纪念。邮局包裹历来是要检查的,他抄写的毛主席诗词说是非正式出版,不能寄。启功在信中说:"我碰了三个钉子了。所以只好写秦诏和鲁迅诗,请你们两位指正。敬祝你们新夫妇健康、进步!"荒唐的岁月真是荒唐。

阎丽川喜爱民间艺术

王振德

阎丽川教授自幼临帖写碑,青年时代从师黄宾虹、潘天寿、李苦禅等大家,其创作将诗文书画印融为一体,堪称弘扬传统文化的文人画家。其热爱民间艺术的情结更是始终如一。

阎先生担任过文化部重点项目《中国美术全集·壁画卷》顾问。他多次赴敦煌、龙门、云冈、永乐宫等处考察雕塑或壁画,写了许多颇具见解的诗词文章。例如,他在 1979 年赞美绘制永乐宫壁画的元代艺人朱好古的诗中写道:"神仙业迹太荒唐,唯有丹青壁上光。留得艺名朱好古,胜似教主王重阳。"诗句精巧地讴歌了人民创造的艺术神话。

阎先生喜爱天津民间艺术,他 1980 年赞美天津杨柳青年画诗云:"走遍民间四百春,一年一度庆更新。画中有戏雕工巧,笔底传神敷彩精。为创新图翻旧版,重温绝技育新人。珍重传统勤观摩,探本寻源杨柳青。"他 1986 年赞美"泥人张"诗云:"民间艺圃一奇葩,彩塑泥人天下夸。五世相传春常盛,津门绝技在张家。"

尹笑声"现挂"劝架

孙福海

尹笑声是马三立的入室弟子,他不但辈分高、年龄长,而且在台上很多"现挂"都特别出彩。

有一次他表演《拴娃娃》,正复述"父亲"的一句话,台词是:

"缺你吃了,少你喝了,缺你穿了,还是少你戴了……"

这时就听台下"啪"一声,观众为座位争吵,把一个茶碗碰到地下摔碎了。尹笑声反应太快了,马上补了一句:"你看看,你爸爸不愿意了,把茶碗都给摔了!"这个"现挂"逗得观众哈哈大笑。

演出继续进行,没想到一会儿工夫这俩观众又吵了起来,没法演了。尹笑声马上说:"您看看,台下这个架呀,他没完没了啦。这么着(他跟捧哏的说),您帮下忙,前面有一场演偷斧子的,您把那斧子给他们送去得了。"他又抓了一个"现挂"。这两个观众在大家的笑声中也停止了吵架。

观众都在看他们,台上的演员又拿他们抓哏,因为自己吵架把演出搅了,他们也觉得不好意思。那个摔茶碗的马上冲着台上说:"尹爷,对不起,怨我了!"另一个吵架的观众也说:"尹爷,您别急。您演您的,怨我了。"他们演出了一场现实版的《纠纷》。

相声演员的基本功绝不是说、学、逗、唱的才艺展现,关键是临场应变。下篇咱讲"田立禾的'现挂'之妙"。

片纸只字珍之藏之见情愫

姜维群

梁启超自知片纸只字后世必珍,所以即使写个便条也不马虎。有人统计,他存世墨迹近三万件,无一不工。天津画家梁崎不论用什么纸、不论纸张大小,顺手一画皆是精品,友朋弟子等多有珍藏。余明善晚年书写的大小作品或片纸字纸,其弟子臧志建——复印收藏。此乃研究大家巨擘之第一手资料,弥足珍贵。

忆念李昆璞

王振德

　　李昆璞是津派花鸟画第三代名家之一。他出身书香门第，少年时代从朱子德、艾漱石等乡贤学画。后临习家藏的明清字画，画艺渐进。中年移居津城，以卖画授徒为生。新中国成立后进入天津国画创作组，曾赴粤、桂写生，拓展了创作思路。作品多次参加全国性展览。1956年受聘为河北艺师（今天津美院）国画教师，带领学生赴外地写生，到故宫临习古画，教学相长，其创作更精。

　　昆璞先生为人豪爽，处处先人后己。与画友到北戴河等地搞创作，凡有书画应酬，他总是争先奉献，为别人留出更多创作时间。此举深得王颂余、孙其峰、王学仲等先生的赞扬。

　　"文革"时期，昆璞先生被解聘回家，失去了生活费，他只好靠卖家中字画与小古董维持生计。在极度困难的日子里，他让妻子将自己平生百余幅佳作无偿捐给天津艺术博物馆。爱国之举，至今传为美谈。

田立禾的"现挂"之妙

孙福海

　　田立禾每次上场都能灵活使用"垫话"和抓"现挂"，这一点，在年轻的演员中已经基本失传了。

　　有一次，在"纪念尹寿山诞辰一百周年暨尹笑声从艺60周年"演出中，田立禾和尹笑声两人表演了一段《托妻献子》。

田立禾一上场就跟尹笑声说:"您看了吗,观众都是冲您来的!今天是纪念我的师叔尹寿山百年诞辰,同时也是纪念您从艺60周年。那么今天纪念您从艺60周年,到明年的今天,我们还来,我们来祭奠您的周念(年)!"

尹笑声马上说:"明年是我的周年?"

"不不不,我这个口音不行,我说的是周念,不是周年。"

田立禾抓了这个"现挂"后,尹笑声的脑子聪明,由遗传基因开始入活儿,入得非常巧妙。他说:"尹笑声呀,从小就特别聪明,有遗传基因! 三岁半的时候,刚会说话,他父亲带着他上玉清池去洗澡。他小呀,淘气,弄得那个水呀,满世界都是,我师叔尹寿山管孩子严,一瞪眼,说:'别闹了,再闹,明儿我不带你来了!'尹笑声脑子就是聪明,说:'你呀,不带我来没关系,我跟我妈来!'"

他抖了这么个"包袱儿",然后从哥俩关系上入了《托妻献子》,堪称绝妙。

相声演员有时在台上会遇到各种局面,这就要看"现挂"的功力了。下篇咱讲"赵心敏'现挂'破尴尬"。

张志鱼制扇为北派之祖

姜维群

张志鱼在折扇扇骨的刻制上,将北方竹刻工艺推到了一个前所未有的高度,他不仅广收弟子,一妻一妾也是刻扇高手。其著有《刻竹治印无师自通》一书,将刻竹秘法一并托出。状元刘春霖题诗云:"棘端楮叶足奇谈,妙手元同造化参。他日竹人重作传,北方第一寄斯庵。"郑孝胥亦赞曰:"刻竹之技始于江浙,北方无能为者。宛平张瘦梅(志鱼)君独擅此艺,而又自出新意,创为留青浅雕及湘竹补花诸品,精妙绝伦。殆为南派所不逮。他日有增编《竹人录》者,瘦梅必为北派之祖也。"

阎丽川的江湖观

王振德

"江湖艺人"泛指四处流浪靠手艺为生的人,是旧时达官贵人对此类人士的贬称。吾师阎丽川教授则另有一番见解。

阎丽川原名必达,字立川,山西太原人。1930 年考入杭州国立艺专。1932 年转入上海新华艺专,从师黄宾虹、潘天寿、林风眠、李苦禅等人。1954 年调入河北师院美术系,任史论教授、教务处长等职。著有《中国美术史略》《阎丽川美术论文集》《阎丽川书画集》等专著,以美术史论家和书画家享誉海内外。其诗文书画如同其为人,皆刚直雄强,充满真善美的胆识与胸怀。

民国年间,阎丽川迫于生计,落魄于晋陕甘川间,教书授艺,生活窘迫,故对江湖艺人情有独钟,认为"对江湖艺人不可一概而论,高逸隐士,或在其中"。其《古稀自述诗》亦云:"三十江湖四十山,五十六十强攻关。七十白头人未老,不畏秋雨和春寒。"

赵心敏"现挂"破尴尬

孙福海

赵心敏有一次在舞台上遇到了观众起哄,这要是一般演员就张不了嘴了,可赵心敏却能用一句"现挂"扭转局面。

赵心敏是第六代相声演员的"掌门"。按第六代相声演员的大排行,赵心敏是大师兄,苏文茂是二师兄,再往下排是赵连生、孙心海、李伯祥、赵振铎、茹少亭、丁文元、刘文亨、任文利、魏文亮等。

马三立曾说:"赵心敏能耐大,肚囊宽。"

有一次演出,京韵大鼓演员刘凤霞在前场唱《博望坡》,演完了以后观众不满足,返了三次场。没办法,赵心敏必须上场了,没想到,台下的观众鼓掌让赵心敏下去。

赵心敏这时不急不躁,张嘴也唱《博望坡》:"刘玄德……"大家马上安静下来了。

这是《博望坡》的第一句,然而下面的词儿被他给改啦。本应是"刘玄德向日兵败汝南",他却唱成:"刘玄德抗日大战平型关。"

这时候捧哏的班德贵马上翻了一句:"哦,这刘备也打小日本呀……"

这个"现挂"使全场的观众哈哈大笑,马上都聚精会神地听相声了。刘凤霞在后台还翻了一个"包袱儿":"能耐!这个'现挂'等于我给他垫场了!"

演员在台上有时会遇到突发事件,怎么办呢? 下篇咱讲"侯长喜'现挂'认二哥"。

霍春阳"手舞足不蹈"

姜维群

花鸟画家霍春阳画画"画姿"独特。一般画家持画笔闷头画,偶尔直腰远观一下。霍春阳常常站在画案前,一手持笔,另一只手并拢五指,或竖起或横掌,抑或斜掌歪头,似太极拳招式又不是,似舞蹈动作也不像。于是有人说——津门一支笔,独步是兰花。手舞足不蹈,人称霍大侠。

书法个性突出的张裕钊

王振德

张裕钊字方侯、廉卿,号圃孙、濂亭等。他是举人出身,官至内阁中书,与黎庶昌、吴汝纶、薛福成合称"曾(国藩)门四弟子"。

张裕钊虽仕途有望,却自度不才,退而主持湖北、直隶等地书院,成就后学甚众。徐世昌《晚晴簃诗汇》说其"主莲池书院最久,畿辅治古文者踵起,皆廉卿开之"。然而,他对书法始终情有独钟,如其《论学手札》所云:"比来志气衰耗,学殖荒落,日退无疆,无是言者,唯拙书乃颇益长进,独以此沾沾自喜,且自笑。足下闻之,当更为之大笑也。"其对书法的痴迷和自信可想而知。

张裕钊自幼临习唐宋书家法帖,中年转学碑学,随后以碑入帖而自成新貌。其用笔如刀劈剑斩,独具内圆外方的铮铮风骨。可谓求锋芒于汉魏,谋结构于唐宋,以新奇风格驰骋书林者也。

侯长喜"现挂"认二哥

孙福海

侯长喜有一次去某县城演出,于世猷给他捧哏。这个县城的剧场有一个特点,观众刚入场的时候,门把得非常严,等快散场时,观众就可以随便进了。

那场演出是侯长喜和于世猷"攒底",演到一半时,剧场乱了。侯长喜往台下一看,发现一位观众背着一块石头,满头大汗地从剧场门口往台上走。这个县城小,大家都知道这个人是精神病患者。当时场面异常紧张,要是他上台又打又闹又哭又骂,整场演出就全砸了，观众的安全也受到威胁。

侯长喜反应快，马上抓了一个"现挂"，说："请大家安静，你们可能不认识，来的这位呀，是我二哥……"这是一个"大包袱儿"，而这时那个病人还在往台上走。侯长喜以前在部队当过侦察兵，赶紧迎上去把石头给按住了。然后搀着这位病人，说："二哥，您来了？您什么时候来的……怎么不跟我打招呼呀？"他是一句一个"包袱儿"，逗得台下观众哈哈大笑。紧接着他搀着病人往后台走。后台的服务人员赶紧把这位搀到后面去了。

这时观众的情绪还没稳定下来，侯长喜继续抓"现挂"，说："实在对不起，我二哥来了，打搅了大家，但我二哥没白来，给我送点心来了，大家散场后都别走，我请大家吃点心……"

这就是侯长喜用"现挂"化解困局的故事。"包袱儿"是相声艺术的生命，下篇咱讲"焦德海义收张寿臣"。

王千用小楷批改作业

姜维群

女书法家王千一生未嫁，终生执教鞭未离三尺讲台。她钟爱书法，被誉为津门第一女书家。她说，从教必须有一笔好字，否则怎么为人师表呢？她的学生中喜欢书法的很多，这缘于王千的板书极秀美流畅，而且她批改学生作文从来都用毛笔小楷，这些都感染了学生。王千的行书大气文气而没有小女人气，偶写隶书亦颇见功力。

海上画派谱系简述

王振德

海上画派简称"海派"，系鸦片战争后人们对上海画家集群的统称，至今已有百余年历史。其第一代开派人物为赵之谦（1826—1884），字益甫，又字㧑叔，历任江西鄱阳等地知县。其人博古通今，书画印及诗文俱佳，尤以金石书笔入画开清末意笔花卉新风。与其先后的画家有张子祥、王礼、管念慈、任熊、虚谷、朱梦庐、钱慧安、蒲华、任薰、吴大澂等人。

第二代海派画家以任伯年、吴昌硕为代表。任伯年发展了明代陈洪绶传神写生的绘画传统，贯通中外，独树一帜。吴昌硕承续赵之谦法统，以篆籀狂草的笔意入画，笔墨豪放遒劲，色泽浓重古艳，气势恢宏博大。同期名家有吴石仙、陆恢、倪田等人。

第三代以吴昌硕弟子为主，主要有王一亭、赵云壑、张聿光、诸闻韵、王个簃、潘天寿、张书旂、吴茀之、张振铎等。对此，蒋宝龄《墨林今话》、杨逸《海上墨林》多有记述。

焦德海义收张寿臣

孙福海

拜师收徒是相声界的行规，新中国成立前，没拜师就没有演出资格。拜师要举行仪式，行话叫"摆知"。当然，也有人写成"摆汁"，意即喝酒，还有人写"摆支"，是明确支派。而笔者认为应是"摆知"，即除了明确支派，还要知行规，知相声界应遵守的传统美德。"摆知"都是由徒弟花钱，但焦德海收张寿臣却首破旧习，徒弟一分钱没花。这是怎么回事呢？

张寿臣的父亲张诚普在天桥说评书，张寿臣每天给父亲送饭。没想到突降天灾人祸，其父35岁病故，留下12岁的张寿臣和寡母。怎么过活呢？张寿臣说："我在天桥听会了几段相声，我说相声养我妈！"可入行要拜师，拜师就要花钱，但他们家没钱。这时前辈焦德海说："规矩不能破，但钱可以由我花。"

除了酒席支出，还要有引师、保师、代师等，费用全由焦德海负责。当时他虽是天桥的"大腕儿"，但旧社会说相声的基本上都是家无隔夜粮，"摆知"的费用，大部分是靠借贷而来。可焦德海认为：为人要靠义字立身！

后来张寿臣不负众望，成了一代相声大王。他存下的第一笔收入没有买房子置地，也没有给妻儿老小改善生活，而是做出一个惊人之举：购买祖坟！下篇咱讲"张寿臣自家祖坟葬外人"。

自称会放"洋屁"的刘松庵

姜维群

刘松庵在天津书法家中成名最早，其以闲章道出原委："二十鬻字，三十悬壶。"20岁他已在荣宝斋、梦花室挂笔单卖字，且名满京津。他拜四大名医之一施今墨为师，30岁挂牌行医。其家道殷富，诙谐爱开玩笑，说自己："像我们这样的狗少，都会放洋屁（讲外语）。"果不其然，他讲英语颇地道。刘松庵极崇拜明代的医家书法家傅山，其斋名叫仰山庐。他的行草奔放中蕴苍劲，险崛里见体势，意韵深邃自成一家。

首创魏体行书的赵之谦

王振德

将魏碑笔法融入行书之中，是赵之谦的首创。这与其经史诗文的深厚修养及金石文字书画的卓越才华密不可分。

赵之谦幼年家贫，立志求学，30岁中举后四试不第，遂以书画篆印所得之资捐官。其画与虚谷、任颐、吴昌硕并称"海派四家"。著有《二金蝶堂印谱》等。

赵之谦自幼攻习书画篆印，青年时代即知名于世。其书初法颜真卿，继而学北碑及造像石刻，篆隶从邓石如入手，而后以婉转流丽之行笔，书写森严古朴之北碑，以妍易质，化刚为柔，故而仪态万方，迥异凡庸，首创魏体行书。由于才艺超群，其各体书法均能自创新格，所画花卉木石亦以书法金石化入，宽博淳厚，水墨交融，为晚清金石派写意花卉之开山鼻祖。

张寿臣自家祖坟葬外人

孙福海

在旧社会，一句"你找着坟地了吗"被认为是最恶毒之语，所以购买墓地埋葬先祖比什么都重要。张寿臣在京津成了"大腕儿"之后，省吃俭用在北京买了一块墓地，这在京津相声界中是第一人。不久，其师焦德海仙逝，他悲痛欲绝。

焦德海之子焦少海（又名焦寿海）虽也身怀绝艺，培养的弟子有赵佩茹、杨少奎、刘奎珍、李润杰等十余名承前启后的前辈，但在旧社会，他们依然只能勉强度日。焦德海故去时，焦少海正在天津"三不管""撂地",收入微薄。此时张寿臣提出:"我师父的丧葬费用全由我出,而且请我师父进我们家的祖坟,跟我父亲一样供奉。"

一日为师终身为父,张寿臣是相声界的典型,其师在世时他如同对待生父一样孝顺;焦德海故去后,又按生父的规格敬葬,这在任何一个行当中,都是绝无仅有的义举。

焦德海是幸运的,他有一位师兄叫李德钖,艺名"万人迷",是第一个将相声从"撂地"带入剧场的,也是第一个将相声作为"十样杂耍"(新中国成立后改名曲艺)中压大轴的曲种。但这样一位人物,竟然惨死在沈阳的一条小河沟里。下篇咱讲"观众白万铭义葬'万人迷'"。

孙克纲不废纸头画小画

姜维群

天津的"二孙二王"即孙其峰、孙克纲、王颂余、王学仲。孙其峰、王学仲是山东人,说话山东口音,王颂余带京腔,唯独孙克纲一口纯正的天津话。其摸索创新的泼彩山水几乎左右了天津的山水画,至今"孙氏泼彩山水"依然大行其道。孙克纲惜纸几乎成癖,凡裁下的纸头舍不得扔掉,画了不少小画,曾见过他画的比火柴盒略大的画,泼彩泼墨小中见大,尤显丰神。

晚清第一书家翁同龢

王振德

清同治、光绪两朝帝师翁同龢,字叔平,号松禅、瓶庐居士等,江苏常熟人。他 27 岁及第,历任内阁学士、户部尚书、军机大臣兼总理各国事务衙门大臣等职,被康有为誉为"中国维新第一导师"。

翁同龢幼习唐宋法帖,青年时代其书法已得颜真卿、苏东坡、米元章诸家精髓。中年后,对前辈翁方纲及同代何绍基、赵之谦等书家"均极留意",并融汇百家而自成面目。69 岁退居家乡虞山,愈老愈学,"日临汉碑帖数十字","以习八分及六法自娱",所作行楷筑基颜真卿,以汉碑之顿拙刚劲融入帖之庄重活脱,使其书法呈现雄浑、深厚、博大、恢宏的庙堂气象。

翁同龢健在时,书法已有盛誉,逝世后书名益大。杨守敬《学书迩言》说他在"同治、光绪间,推为天下第一,洵不诬也"。周张礼编纂《翁松禅家书》时也认为他"书法自罢归后,人尤贵之,其非以宰相重也"。

观众白万铭义葬"万人迷"

孙福海

"万人迷"李德钖是一代相声大家,1926 年他离开天津去奉天(沈阳),艺惊四座,引起了轰动。那时,"东北王"张作霖请堂会,唯一的相声演员就是"万人迷"。

人吃五谷杂粮,难免有病,没想到"万人迷"就病在了奉天。当时奉天的剧场都由地痞流氓把持，不演出就不给钱。有一天，被逼无奈的"万人迷"披着衣裳从旅店出去后就再没回来。

有一个观众叫白万铭，在张学良所管辖的关东航空处当木匠，特别喜欢"万人迷"。听说他病了，白万铭便到旅店去看望他，却听旅店说"万人迷"昨天出去后就没再回来。白万铭便四处寻找，结果发现"万人迷"死在了一条河沟里。白万铭人缘好，也经常把"万人迷"的一些小笑话讲给他的上司听，他便借这层关系求上司弄了几块木头，钉了一口棺材，又叫来几个观众就地挖了一个坑，这才把"万人迷"下葬掩埋了。

下葬那一天狂风呼啸，大雪纷飞。主祭人也是相声演员，叫"人人乐"，他看了一眼附近山头的罕王墓，说了四句祭文："风神爷吹响了喇叭，七仙女天上散花，众乡亲前来送行，罕王爷前来接他。"这时在场的人齐声说："罕王爷也想听'万人迷'的相声。"

如果没有白万铭，一代相声大师将暴尸街头无人掩埋。白万铭后来由票友"下海"说了相声，在沈阳还救了一次侯宝林。下篇咱讲"侯宝林报恩白万铭"。

教画不画画的严六符

姜维群

严六符是严修的侄孙，从事书画教学课徒工作。他毕业于南开大学经济系，18岁曾随刘子久学习山水画，又随吴玉如学书法。他在20世纪五六十年代开始收弟子教习山水画。据其学生说,严六符很少画画,大部分是讲。他以他家收藏的古人字画为范本,教的学生如冯骥才、张洪千、侯春林等,都是鼎鼎大名的山水画家,且各有风格,可谓教学有方,授课得法。

津画宗师孟毓梓

王振德

孟毓梓,字绣村,世居津沽,活跃于清道光至光绪年间,系书画、诗文、词曲兼擅的一代宗师。

孟毓梓人物画取法清代上官周、费丹旭诸家,多画仕女及唐宋诗意图等题材。偶画写真肖像,尤受世人好评。所画山水,师法陈靖(字青立),笔墨苍劲灵妙,意境高古,深得南宗矩度。其花鸟师从李绂麐(字桐圃)、辛泽恒(字牧春)、张友仁(字辅之),上溯津沽名贤恽源濬(号铁箫)、沈铨、司马钟等人。工写兼擅,没骨点虱尤佳,风格秀丽清新,以《四时花卉》名世。其书法从二王入手,受柳公权、黄庭坚、宋徽宗等笔法影响,自成劲健洒脱一格。题跋时创作诗文,与画相配,亦不落俗套。

孟毓梓勤于读书作画,忙于设帐授徒,被时人誉为"津门画家之冠"。平日闲暇时操琴创曲,意致幽幽,宛若仙人。与词曲家张效伯友善。其弟子众多,著名者有张兆祥(字和庵)、马家桐(号佳同)、王铸九(名鼎平)、徐子明等人。

侯宝林报恩白万铭

孙福海

侯宝林在1979年6月亲赴沈阳寻找白万铭。当时正逢全面落实党的知识分子政策之际,白万铭在"文革"中曾受到过冲击,侯宝林放心不下。那么,白万铭对侯宝林有什么恩呢?

1939年10月,侯宝林到奉天演出,场场爆满。当演到二十多天的时候,有特务举报侯宝林在台上讽刺日本人及汉奸,日伪特务立即派人抓他。特务们赶到侯宝林演出的第一商场,见人多无法下手,就跟踪他到福和茶社,然后把大门堵住。这个剧场的后台没有门,进出都得走前台,因此已成包围之势,此时侯宝林丝毫未觉得这是冲他来的。经验丰富的白万铭一打听,知道了原委,便告知侯宝林:"快逃!"侯宝林吃了一惊,说:"逃不出去了!"急中生智的白万铭发现后台有一扇用木头钉死的窗户,便悄悄撬开窗户,将侯宝林托了出去。侯宝林刚钻到窗外,他又从身上掏出所有的"奉票"说:"把钱拿上,要不也得饿死!"

"文革"后二人重逢,含泪拥抱。侯宝林向有关部门介绍了白万铭的诸多义举,最后"砸挂"说:"我可不是不还你钱,只是我没处弄'奉票'去!"

知恩图报是相声界的传统美德,姜昆说:"我能调入中央广播说唱团,不能忘记师爷侯宝林。"下篇咱讲"姜昆感恩侯宝林"。

章用秀"日写三千"著作等身

姜维群

章用秀是收藏家、鉴赏家,学过书画,颇有功力。其酷爱读书写作,他给自己规定日写三千字,每天笔耕不辍。偶尔有事没完成"定额",翌日一定补写。有此勤奋必有此收获。二十余年来,他已在出版社出版文史、收藏等类书籍八十余本,是天津出版书籍最多的人,堪称著作等身。此外经常在《天津日报》《今晚报》等报纸上发表文章,可谓遍地开花,收获颇丰。

吴昌硕的天津缘

王振德

吴昌硕作为金石派书法篆刻大师，在近现代艺坛占有重要地位。他与天津的情缘，一直为画友们所关注，有人说他七莅津门，有人说他十莅津门。证据均来自其本人书画印章的题款，故以次数论之。

其实，吴昌硕的天津缘是不能以次数论定的，因为他在天津做过官，且在天津活动过一个时期。如《安吉吴先生墓志铭》说他"乃出为小吏江苏，寻晋直隶知州，摄安东令"。《缶庐先生小传》也说他，"积资劳至直隶州知州"。《吴先生行述》记述更为详细。当年51岁的吴昌硕随吴大澂军队御日，在天津宁河赋《芦台秋望》，诗云："旗翻风虎日边来，咫尺天门轶荡开。万里秋光看不尽，独披风帽上芦台。"可知，他一度寓居天津。

同样，相关资料也证实天津是吴昌硕艺术的发祥地之一。他在天津跟杨光仪学过诗词，听华屏周讲《易经》，并临写华家收藏的石鼓文拓片。他师从的画家张孟皋也是天津人，如此等等。

姜昆感恩侯宝林

孙福海

在姜昆的私人相册中，有一张秘而不露的照片：姜昆坐着，侯宝林在其身后站着。这是怎么回事呢？

侯宝林爱惜人才，1958年他发现了马季，并将他收为弟子；1976年他又发现了姜昆，想把他带走。然而当时地方上都有保护主义，黑龙江省建设兵团说："你们需要人才，我们兵团也需要，不放！"

怎么办呢？侯宝林说："我去一趟。"侯宝林到那儿以后不提调姜昆的事，只是说："我是人大代表，给你们做义务演出。"北大荒当时条件非常差，没有大剧场，侯宝林就说："你们开过两辆大卡车来，把车门往下一放，两个车一对，我站在车上，就在广场演出……"

"哎哟，这可不行！我们这儿是零下40℃，滴水成冰……"兵团的人慌忙说。

但是最后侯宝林还是坚持在零下40℃做了义务演出，感动得兵团领导和观众热泪盈眶。演完后侯宝林说："你们也别光感动和感谢，我还有一个任务，要把姜昆调北京去。"他这时才说这事。

兵团领导都非常讲义气，有一位马上说："没问题！"侯宝林说："还是集体决议吧！""没关系，我们放人！"

"好，现在咱们就照一张'欢送姜昆进北京'的合影！既然是欢送姜昆，姜昆就坐中间。你们团长、副团长分坐两边，我站后头，否则我不照！"姜昆说："这是我一生中模样最'难看'的相片啦！"

前辈培养晚辈的故事有很多，下篇咱讲"白全福邪招训徒"。

编辑天津史料最多的王振良

姜维群

王振良，南开大学高才生，身为辽宁人，却酷爱天津，痴迷研究天津地方史。其业余时间都奉献给了搜集、编辑和出版天津各种史料上,其主编的《天津记忆》已出版一百多期,将散佚在民间的史料、文稿整理编辑。近两年,他将问津书院恢复,按期出版《问津》小本书,并搞年会、讲座。从 2014 年起在天津古籍出版社出版"问津文库"丛书,仅一年就出版了十几本。王振良被业内人士称为"最爱天津的非天津籍文化人"。

"津门四子"概述

王振德

清末民初,津派国画的开创者张兆祥及其同门马家桐、王铸九、徐子明合称"津门四子",实系津派国画第一代的班底与核心人物。此四子皆师从书画宗师孟毓梓先生,且相互敬重,取长补短,建立了深厚的丹青情谊。

马家桐字景韩,号厢东居士、橄澹园丁等,因得汉印"佳同"二字,遂以"佳同"为号。其诗文书画俱佳,山水花鸟人物兼擅。研习历代名画,能够古今贯通,自成精谨古雅之风格。篆刻宗法汉印,自谓"马氏汉风"。

王铸九名鼎平,师法孟毓梓,书画皆有古意。平日传徒授艺,为人师表,口碑极佳。弟子有刘芷清、曹鸿年、张树珊、杨泽圃、张爱棠、黄子元等。

徐子明名思炘,又名涛。其仕女画取法钱慧安,擅长写真传神,为人画肖像甚多。40岁后专画花鸟,闻名海内外。

"津门四子"承前启后,继往开来,永载津门史册。

白全福邪招训徒

孙福海

相声界师父给徒弟授艺有很多奇招、妙招,甚至还有"邪招"。张志宽 1960 年在跟李润杰学快板的同时,团里还让白全福教他说相声。白全福先教了他一段《报菜名》,然后说:"宝贝儿,可以上场了,演一次等于台下练一百次!我给捧哏。"但在上台之前可坏了,他紧张、害怕,后台坐着的是马三立、常宝霆、苏文茂等"大腕儿"!老师们也看出来了:"这孩子吓得不行,肯定得砸!"

白全福问志宽:"怎么样?"志宽乐着说:"没事!"呵!这乐比哭都难看。这时候告诉他别害怕,已经不管事了。别看白全福没什么文化,但只说了一句话,张志宽的情绪马上就稳定下来了。他说:"宝贝儿,到了台上你就是爹!"

"台上我是爹!"张志宽茅塞顿开,上场了,效果特别好。下了台,白全福又说了一句:"宝贝儿,台上你是爹,下了台你就是孙子。无论是在长辈、同辈还是自己的晚辈面前,你都得当孙子。"

话粗理不粗。艺人在舞台上就要有霸气,要放得开,要目中无人,而在台下要尊重所有的人。这句话使张志宽终身受益。

与白全福同时代的还有一位捧哏大家,叫朱相臣。他在台上的"现挂"不仅能弥补逗哏的不足,而且还成为传世经典。下篇咱讲"朱相臣的'现挂'成经典"。

赵半知津门唯一"板桥体"

姜维群

在天津,唯一一位书法有"板桥体"韵味的书家是赵半知。其原名赵秉衡,后自谦以"半知"为字,意思是"只知道一半"。郑板桥是"扬州八怪"之一,书法中有隶有篆有楷有行,书法特征十分明显。赵半知以欧颜为风骨,后参摹籀篆和隶书,方圆共用、疏密相间,从何绍基、郑板桥中讨消息,于是创出来让人一望即知的"半知体"。惜谢世过早,致近年书名不彰,惜哉。

津派国画鼻祖张兆祥

王振德

张兆祥字和庵,斋号听松轩,长于北门里。经词曲家张效伯引荐,从师孟毓梓,长期研习古今中外画法,深入生活,融汇照相技术,在国画从古代模式转入近现代形态方面颇有作为,成为津派国画的奠基人和先行者。

张兆祥家学渊源且勤学苦练,诗文书法皆精,故其国画富于内涵。其所画《五色牡丹》古为今用,参酌西法,标新立异。其为文美斋画《百花笺谱》多种,流布海内外。其《仿梅花道人山水卷》,宗法元人而不失自家风骨。其《天下太平人物便面》刻画四十余位神态各异的人物,针砭时弊,寄寓情感。如其弟子刘奎龄所说:"笔墨间含有一种渊静之致,穆然有古大家风。"

张兆祥尊师重道,对老师孟毓梓"尽孝若子,深受画界称道"。其弟子有陆文郁、刘奎龄、李文沼、陈彝、刘克宽、石承濂、董骧良等。

朱相臣的"现挂"成经典

孙福海

朱相臣是捧哏大家,他不但捧红了苏文茂,而且给别人捧哏时也留下不少经典。有一次他给郭荣启捧《拉洋片》时,郭荣启在台上用扇子把朱相臣打得够呛,这时候朱相臣抓了一个"现挂":"诸位,谁认识我家? 麻烦您给我送个信儿去,我今天是回不去了!"现在许多人都用这个"包袱儿"。

1962年天津办了一次"笑的晚会"，当时电影《平原游击队》中李向阳的扮演者郭振清要说相声。朱相臣说："我给你捧哏吧。"郭振清说："我想演《卖估衣》，但最后那一大段唱，我差点儿。"朱相臣："好办！我给你重新设计一个'底'，唱到'应该一毛一呀'，你唱'我给你两块二呀'，我唱'找你一块一'，你唱'给我三块八'，我唱'找你两块七……咱们口捧账，最后我说'算不过来了'！这个底行吗？"郭振清说："太好啦！"

　　两人就上台演《卖估衣》。演着演着出意外了，当郭振清唱："我给你两块二呀？"朱相臣唱："我找你一块一呀！"这时郭振请乱了，来了一句："我给你四十二块四毛七呀！"这怎么办呢？朱相臣急中生智抓了一个"现挂"："我留下一块一呀，剩下全给你呀！"这个底成为传世经典，现在许多演员都这么演。

　　在台上抓"现挂"而成为经典范例的，是马三立的《夸住宅》。下篇咱讲"马三立'把点改活'"。

津门"王孙"乃悲鸿高足

姜维群

　　津门"王孙"，书画大家王学仲、孙其峰之谓也。二人皆曾求学于北平艺术专科学校（今中央美术学院），师从艺术大师徐悲鸿，成为他的高足。2015年6月16日在北京逝世、享年92岁的徐悲鸿夫人廖静文，20世纪90年代初在天津水晶宫饭店接受《天津日报》记者罗文华专访时说，她对天津感情很深，"因为这里有悲鸿的得意弟子王学仲和孙其峰"。

　　徐悲鸿曾赞誉王学仲"诗书画三怪"，谓"其书得有如是造诣,禀赋不凡"。1953 年王学仲毕业离校时,徐悲鸿特意画了一幅《奔马图》赠给他,并叮嘱他在艺术上要不断进取。徐悲鸿也很赏识孙其峰,曾收购过他的两幅画作,借以资助他学费。后来徐悲鸿所编的藏画目录中,还收录了这两幅画。

《天下太平人物便面》

王振德

清同治十年,19岁的张兆祥用国画方式创作成《天下太平人物便面》,亦称《群盲品古扇面画》,现藏天津博物馆。

此幅扇面画将44位人物分成四组:第一组以巨大铜钱和钱眼中人物为中心,绘有二十多人。第二组画十多人围坐桌旁品古鉴宝。第三组画轿夫拉着贵妇轿车的情景。第四组只画妻妾训夫的场面。这四组亦可称为金钱世态、群盲鉴宝、悍妇出行和丈夫惧内。画中人物身分、年龄、形貌、服装各异,五官表情不同,构图出奇制胜,用笔精妙灵动,赋色古雅清逸,且图文并茂。

全面题款多达三百四十余字,文字通畅、辛辣、幽默而富于创意。如题金钱世态:"六字孔方兄,老儿翁,小儿童,九流三教凭他弄。公门不公,空门不空,此中便是神仙洞。臭黄铜,香穿鼻,孔心黑,眼睛红,贫富斗雌雄,害成痈,气成风,外边难进中难动……"由此可以想见题文旨意。

马三立"把点改活"

孙福海

"把点"是相声界的行话,"把"为看,"点"为观众,通常说"把点开活",意思是看观众喜欢什么类型的节目就演什么,而马三立不是"把点开活",而是"把点改活"。

有一次报纸上已登了他要演《夸住宅》。但上台后用"包袱儿"一试,观众不喜欢听"贯口活"!这要是一般的演员就没辙了,可马三立却把四百多句的"贯口"改成了子母哏。原词是"远瞧雾气昭昭,近看瓦窑四溦,跟一块砖刻的一样",他改成:"跟一块儿砖抠的一样!"赵佩茹说:"抠呀?我们家住蛐蛐儿罐呀?!"这就响了一个"包袱儿"。接着应该是:"门口有四棵门槐,有上马石下马石,八字影壁磨砖对缝儿,路北有广梁大门。"马三立给改成:"路北广梁大门走狗!""走狗?我们家大门走狗呀?"往下应该是"内有回事房管事处"。马三立背到这儿又给变了!说:"下面摆着回事房,管事处。""哦!蛐蛐儿过箩!"往下应该是:"进了里间是你爸爸静养的所在,里面有八宝逍遥自在床,床上铺着闪缎被子、闪缎褥子、绣花的枕头。"背到这儿马三立把词儿改成了:"里间是你爸爸静养的所在,有八宝逍遥自在床,墙上挂着闪缎被子,闪缎褥子,闪缎的……""怎么都挂墙上了?我们家防空呀!"就这样,马三立在台上把"贯口"改成了子母哏,并成为传世经典。

马三立说:"我之所以能'把点改活',离不开赵佩茹的机智。"下篇咱讲"赵佩茹捧哏的机智"。

天津的齐白石女弟子吴瑞臻

姜维群

吴瑞臻少年得志青年得名,被齐白石称道并亲笔写润格推荐画店卖画。吴瑞臻19岁考入北平国立艺专,其天赋深得业师李苦禅赏识,经李苦禅推荐,齐白石十分喜欢吴的画,于是拜在了白石老人名下。齐白石在她青年时代画作上题跋不少,都是赞叹溢美之词,如在其一幅画上亲题:"瑞臻女弟子若作男子,要算门中高足。"其年轻时笔精墨妙、大气自然,出手不凡。沉寂几十年后,70岁以后复出,创作了一批作品,一时很受关注。

张兆祥与焦书卿肝胆相照

王振德

张兆祥因生活与创作需要，与天津文美斋老板焦书卿交往最多，合作最久，情谊最深。

焦书卿比张兆祥长三岁，人称"焦三先生"，是清末著名的鉴赏家、出版家和画店老板。他不仅代销津京沪书画名家作品，还为名家们（如沈兆函、杨伯润等）出版画谱或笺谱。张兆祥延续其师孟毓梓的做法，从青年时代便与焦书卿真诚合作，直至晚年仍亲密如初，共同为今古书画事业谱写了辉煌的篇章。

清光绪十八年，张兆祥应焦书卿之邀，为文美斋精心创作了《百花图谱》，共画百幅百种花卉，惊艳画坛。图谱于光绪二十四年出版，岂料，转年发生庚子战乱，初刊版本毁于战火。焦书卿只好复请张兆祥重画，并于宣统三年出版发行。此后北京清秘阁、上海九华堂等单位皆出版翻刻本或影印本，可见影响之大。

赵佩茹捧哏的机智

孙福海

赵佩茹艺名"小龄童"，幼小便红遍津城，1937 年与"小蘑菇"常宝堃合作，1962 年给马三立捧哏，1973 年病故。侯宝林认为赵佩茹的捧哏艺术独一无二，而马三立也说："赵佩茹的捧哏是空前的。"笔者认为，至今为止也是"绝后"了。

马三立曾举一例，他与赵佩茹演《洋药方》。最后几句应该是：

乙：那您把我送医院吧？

甲：医院也没办法。

乙：那怎么办呢？

甲：我给你开个偏方吧！

乙：谢谢您了！什么偏方？

甲：枪毙！

马三立说："有时候这个底不响，怎么办呢？那天该说'枪毙'时我没说，而是转身就走，虽然我没事先告诉赵佩茹，但我对他有根。当我走到侧幕条一转身，用扇子当枪，瞄准赵佩茹'砰'一开枪，赵佩茹的机智真了不得，随着我的枪响，马上趴桌子上啦！这个'包袱儿'炸了堂了。下场以后赵佩茹说：'三叔，真有您的，我要是反应不过来就坏了，'我说：'你要是反应不过来，我就死台上啦！'"

反应快的还有一位，是马三立的弟子班德贵，别人演《报菜名》，到菜名报完后获得的是掌声，而他报完菜名不仅能获得掌声，同时还有笑声。下篇咱讲"班德贵《报菜名》中的'现挂'"。

华非做竹根印别具匠心
姜维群

华非字野予，初名大来。华非本姓李，津门名画家李荷生是其祖父，其华姓是外祖父家的姓氏。华非工篆刻，于绘画书法亦擅长。80岁高龄迷上竹根印。竹根印清代时盛行一时，近年拍卖价值颇昂。华非不仅在竹根上治印，还指导年轻人在竹根上随形雕刻，如雕十八罗汉和佛像等，配上锦盒，盒盖镶玻璃，摆放于案头，俨然高雅一文玩也。

刘小亭创办天津书画会

王振德

刘小亭(1843—1924),名世贤,又名陈,字小亭,号东阜。回族,世居津城西北角。擅诗词赋,精山水,喜篆印,是津派国画第一代的领军人物之一。

刘小亭自幼酷爱诗文书画。及长师从陈靖、史源绪、孟毓梓等人,主攻南宗嫡派山水。后南游吴越,饱览南山北川之美,为其山水画增加许多切身感悟和艺术创意,如其《溪山草庐》题款中所说:"若能静气浮动于楮墨之间,则六法之妙,自然赅备矣。"画面钤印皆为自刻,有"津门刘陈""小亭诗画""回也不愚""率直"等。

刘小亭与陈珍交往甚笃,曾辅其组建藤香馆诗画社,同梅小树、梅绍赢等名士定其雅集。不幸陈珍早逝,小亭改名为陈,以示痛悼之意。

辛亥革命后,刘小亭接受严智怡邀请,与梅韵生、张瘦虎、尹澄甫等人在劝业会场创办天津书画会,协助天津美术馆开展教学与创作活动。其弟子有顾叔度、刘芷清、穆云谷、穆子荆等人。

班德贵《报菜名》中的"现挂"

孙福海

许多观众都见过班德贵先后给赵新敏、刘文亨捧哏,甚至见过他演单口相声和评书,没见过他逗哏。有一次,他与朋友去饭店,其中一个菜是"爆三样儿",厨师的手艺精绝。其中一位说:"你们的

《报菜名》没突出这道津味儿菜太遗憾了。"班德贵说:"你们一会儿听我一段《报菜名》。"

到了剧场,班德贵说:"我今天逗哏演《报菜名》"。大家都特惊讶,这么大岁数还使《报菜名》? 到背"菜单子"时,他别出心裁,每背几道菜就加进一个爆三样儿,头几句是"蒸羊羔、蒸熊掌、蒸鹿尾儿、爆三样儿;卤猪、卤鸭、酱鸡、腊肉、爆三样儿;松花小肚、晾肉香肠、爆三样儿……"一直到最后一句背完,他又加一句:"再来一盘爆三样儿"。他不仅获得了满堂掌声,还赢得了满堂笑声。内外行都赞叹其基本功,这么多年没逗哏,不但没有一丝生疏,而且还能即兴在"贯口"中加进三十多个"爆三样儿",大家一致称绝。捧哏的问他:"您怎么加进这么多爆三样儿啊? 班德贵说:"今天吃爆三样儿美得我自己都快成爆三样儿啦! "又获得了一片笑声。

老艺术家的基本功,是当今的中青年演员望尘莫及的,有的甚至是闻所未闻。如说相声的老先生都能使"腕子活",即类似评书的长篇单口,而且结尾时的"扣子"千奇百怪,各具绝活。下篇咱讲"杨少奎的'扣子'治人"。

天津画家连环画插图全国强势

姜维群

2000 年前后,《今晚报》新辟小说连载版,为津派小说每日配发插图一帧。天津的连环画和插图在 20 世纪五六十年代倍受全国瞩目,像张德育 1958 年为长篇小说《苦菜花》插图,后为孙犁的《铁木前传》小说插图,叫响全国。至 80 年代的连环画热更是名家群起。正因为有这个基础,《今晚报》连载小说插图名家纷纷亮相,如王学仲、张德育、王书朋、季源业等。杜滋龄为津派小说《起士林》作的水墨插图,将原作装池成册页后,书法家余明善还作了长跋。

天才早熟陈亚澜

王振德

陈亚澜（1852—1881），名珍，字亚澜，号花民，别号沽上陈人、无声馆主、鹄叶庵主、藤香馆主等，是书画、诗词俱擅的艺术名家。

陈亚澜自幼笃学自强，博览群籍，过目成诵，时人视为神童。及长师学名家字画，渐能独立创作，山水、人物、花鸟、鱼虫俱佳。其书法瘦硬儒雅，异于凡庸。26岁所画花卉四条屏，形象生动、用笔爽畅、色墨灵秀、章法稳妥，俨然名家风范。平日与梅绍瀛、张迈德、从择三、刘小亭、梅小树诸名士交往，并组织藤香馆书画社，以诗词唱和为乐。所作长歌，洋洋洒洒，才情四溢，著有《鹄叶庵集》，杨光仪为之撰序。

陈亚澜幼年多病，清癯长爪，弱不胜衣。然事母至孝，曾割股和药，治愈母病，被世人誉为陈孝子。其殁，乡人伤之，为其入祠建坊。友人刘世贤，特更名为陈，以示纪念。天津书画名家刘芷清《津沽画家传略》设专条述之。

杨少奎的"扣子"治人

孙福海

20世纪60年代初，杨少奎所在的红桥区曲艺团为了创收，让杨少奎和刘奎珍每人说两个月评书。第一天通知，第二天在河北鸟市的书场就贴出了海报——杨少奎表演《乾隆下江南》。不给准备时间，每天晚上两个半小时。当时是计时收费，评

143

书都是 10 分钟 1 分钱,每晚座无虚席。演了不到一周,领导又决定:书场太小,要挪进百鸣曲艺厅。百鸣曲艺厅是专演曲艺和相声的,收费是 10 分钟 2 分钱。因此让杨少奎也改为 10 分钟 2 分钱,可照样满座,连说评书的都特别羡慕。当时,我正跟杨少奎学徒,每天得伺候师父。有一天天气特别热,门口有个卖冰棍的,当着观众对杨少奎说:"新社会了,小徒弟这么伺候你,也不给孩子买根冰棍!"这句话可把杨少奎惹了,说:"一会儿我照顾照顾你!"杨少奎的书扣子堪称一绝。而且过去的老艺人,每个人的扣子都有绝活。像魏文亮的师父武魁海,最后的扣子不仅让观众还得来,而且他的"扣子"还是个"大包袱儿"。那天,杨少奎可使上了绝活,开书后先用了一个"子母扣"——用大扣子扣住先不解,然后是几个"连环扣",扣扣相连,整整两个半小时,把观众扣在座位上,没有一个出去买冰棍的。下场以后,那个卖冰棍的带着哭腔过来道歉求饶:"杨爷!给口饭吧!冰棍全化啦!"

老艺术家的绝艺数不胜数。如第一位将快板带向高雅地位的您知道是谁吗?下篇咱讲"高凤山卖艺破尴尬"。

篆刻家冯星伯倡言"书在刻先"
姜维群

冯星伯是天津著名书法家、篆刻家,他 14 岁时因父亲病故辍学去学做生意。自幼拜津门名书画家张君寿、李采繁为师习字习画,至 40 岁后弃笔不画,专攻书法篆刻。他讲,书在刻先,刻在书后。书法是篆刻之母,没有母之优秀基因,就没有优上的印章。

冯星伯的印章篆籀金石气十足,行草书灵动自如,因书法功底强势而入篆刻,年轻时他的老师张君寿、李采繁书画就钤用他刻的印章,才气可窥一斑。

学者书法家严复

王振德

严复(1854—1921),名传初、体乾、宗光,又名复,字又陵、几道,晚号愈㙻老人。福建闽侯人。1880年毕业于英国格林尼茨海军大学后,应李鸿章之召,任北洋水师学堂教习、总办等职,定居天津达三十余年。在天津创办俄文馆及《国闻报》《国闻汇编》等刊物,并在天津《直报》发表论文。他的译著《天演论》《群学肄言》等为近现代启蒙力著。1912年出任北京大学首任校长。1915年名列筹安会成员,旋即归乡终老。他是著名启蒙思想家、教育家和书法家。

严复幼年受到塾师教诲,喜欢收写诗文联语,现传行书联语"合游息藏修皆是学,通阴阳造化谓之文",写得平和自然、深沉儒雅,当是其人生哲学的夫子自道,也是其老年书风的代表。

现藏于中国博物馆的严复译赫胥黎《天演论》手稿,中锋侧锋并用,自然灵动,沉定流畅,结体随意,点画中略带章草况味,书写时颇有通达自信之神韵,正是中年有为的心态之外现。

高凤山卖艺破尴尬

孙福海

高凤山是我们熟悉的快板和相声"两门抱"的艺术家。快板分为"高、李、王"三派,高派是高凤山,李派是李润杰,王派是王凤山。为什么把高凤山排在前面呢?是因为他首先将快板带向了高雅。

何为高雅?高凤山快板的启蒙老师是北京天桥"八大怪"之一的曹麻子。当时,唱快板的"撂地"卖艺,不是站着表演,是单膝跪地唱。是高凤山首破旧习,不但站着唱,而且加进了人物表演,活灵活现,独树一帜。从此凡表演快板者争先效仿,并首先确立了高派之艺术地位。

高凤山的相声水平也非常高。侯宝林说过一句话,"要是说学翟少平的《摔镜架》,我不如高凤山,高凤山学的比我像!"有一次,高凤山"撂地"用《摔镜架》做"开门柳",即先声夺人的开头唱。没想到,头一两句没获得喝彩,他太聪明了,马上将词改成"现挂"。原词是:"我想二哥想得我一天吃不下半碗饭,两天喝不下半碗汤。"他琢磨:观众不给耳朵,太尴尬啦!怎么办呢?我得改。于是他即兴"现挂",唱道:"想二哥想得我呀,一天吃不下四斤饼,两天我喝不下水半缸!"有这么想二哥的吗?!马上获得了观众的笑声和喝彩。

当代相声演员,也有碰到尴尬而机智地用"现挂"来解决的。下篇咱讲"常佩业'现挂'破尴尬"。

周汝昌学书法源于两次"震动"
姜维群

周汝昌为当代硕儒,笔者曾在1986年聆听他谈书法。他说上初中时一王老师,戴眼镜长相很威武,魏碑写得好。所以要求学生也写魏碑,可自己越写越糟。一次,他四哥看周汝昌写的信封说怎么字越写越难看呢？这是第一次"震动"，从此发奋，书法大进。后与学者顾随通信，发现顾先生信札如同法帖，又一次受到"震动"，此后与书法结下终生之缘。周汝昌讲，他最大的消遣是读帖，眼睛没坏之前自己写信爱用最讲究的纸笺写。

总统书画家徐世昌

王振德

民国时期以总统身份兼搞诗文书画创作者,首推徐世昌。他对文史书画的贡献值得一提。

徐世昌(1855—1939),名世昌,字卜五,又字菊人,号东海、弢斋、退耕老人,别署水竹邨人。斋名归云楼、海西草堂等。世居天津,清光绪进士,授翰林院编修,历任清代军机大臣、东三省总督、怀仁阁大学士及民国国务卿、第五任大总统等职,曾以"文治总统"自命。

徐世昌于1920年支持金北楼、周肇祥等人创建中国画学研究会,并出任董事长。在京津沪及日本东京、大阪等地举办的四回七次画展中,他都有国画展出。1922年下野后定居天津,将其晚晴簃诗社改为东海编书处,先后编撰出《清儒学案》《大清畿辅先哲传》等数十部著作。

1926年徐世昌任东方绘画协会会长。1928年支持中国画学研究会创办《艺林旬刊》,亲自题写刊名,并连载其"归云楼题画诗"。所画山水、花鸟,意趣高古,神韵超迈,书画诗文合璧。

常佩业"现挂"破尴尬

孙福海

常佩业在台上遇到了几次不同的尴尬,但他都能靠不同的"现挂"予以解决。

有一次演出,台下的观众太少了。许多演员往往用"一位知音胜似百位"之类的语言破尴尬。可常佩业与众不同！他上场后说："我们这个地方特别富裕！一个观众都买好几个人的票！"他"抓哏"破尴尬！还有一次他在一个体育馆演出，话筒出毛病了！电工上台修话筒，他站在台上太尴尬了，便抓了一个"现挂"："嗯！您知道这话筒为什么出毛病吗？这是小日本出的！他妈的老捣乱！"

还有一次，他表演中有一个跟观众互动的场面。他请上来一位观众，跟观众说："你说两个字，我们这个节目怎么样？"这位观众说："太好啦！"三个字！全场哄堂大笑。怎么办？如果他马上说："您说了三个字，或您不识数。"那观众就更尴尬了！常佩业反应特别快，马上说："大家都听见了吗？他刚才说的是什么？"台下的观众说："太好了！"常佩业马上说："他说了四个字！哟！是我不识数！"他用自嘲式的"现挂"破解了观众的尴尬。

在舞台上演员靠"现挂"破解尴尬，在台下，演员靠"砸挂"破解尴尬的哏儿事也挺多，尤其是马三立在逆境中的"砸挂"堪称一绝。下篇咱讲"马三立被呵斥后的'砸挂'"。

陈邦怀诗赞椎拓高手张玉衡

姜维群

张玉衡任职于天津历史博物馆，精于椎拓，并能将鼎、彝等器皿作"立体拓"。学者名士陈邦怀先生喜书法爱拓片，见到张玉衡拓的甲骨大加赞赏，并写诗道："张君传古称高手，拓墨能教手应心。甲骨文来开老眼，旁人说我是知音。"后张玉衡痴心研究立体拓，欲将器物先做成平面模板，然后再在模板上椎拓相比，后只停留在尝试阶段。现在书画篆刻家张福义、王少杰等亦精于此道。

碑帖双修顾叔度

王振德

顾叔度(1855—1915),名越,初名文敏,改名宗越,字捷轩,又字叔度,号当湖外史。原籍浙江,幼年移居天津。曾任天津《大公报》首任主笔。清光绪三十三年(1907)与温世霖创办《人镜画报》,以其道德、文章、书法享有盛誉,著名弟子有刘孟扬、曹恕伯、穆寿山等人。

顾叔度幼读私塾,诗文、书法、篆刻俱擅。家藏南帖北碑甚多,平日工作或诗文书法创作之余,临写碑帖不辍,故兼通真草篆隶及魏碑诸体。其书作体势多变,充满清傲洒脱的个性。

因亲友之邀,顾叔度壮年时期临写乙瑛、孙羡、郑文公、石室铭、云峰山、始平公等北碑较多,但碑帖相参,多以己意为之,故能不同寻常。其行草以刘墉、何绍基为根基,上溯王羲之、王献之、颜真卿、苏东坡、黄庭坚诸名家,力追沉雄、酣畅、随意、抒情之风格,用笔如使金刚杵,在不着意处用力,在使转处注情。字体或扁或方或长,观之意趣隽永。

马三立被呵斥后的"砸挂"

孙福海

马三立在"文革"中被下放到农村,生活很凄惨。当时要是有人问:"您现在的状况如何呀?"他既不说"好",也不说"坏",而是用"砸挂"来回答。既体现了他的境界,又彰显了他的智慧。

那时,他的5个子女全部都下乡了,长子马志明患有腰疾也要到农村参加劳动，小儿子马志良 16 岁就得参加挖河挣工分。他本人还得受监督挨批判，当朋友见面时问他："怎么样啊？"他是这么回答的：

"哦，我呀……嗯，昨天还有人敲门呢！半夜了，梆梆梆一敲门，'马三立在家吗？'我赶紧说我在家，问什么事？'你从现在起不许出门。'我也不问，后来我才知道，为什么不让我出门呢？因为西哈努克亲王要路过我们村附近的公路，那个公路离我们家还老远的呢……为什么不让我出门啊？他们怕我放定时炸弹。你说我炸他干嘛呀？！再说我也没地方弄定时炸弹去，即便有定时炸弹我也不会鼓捣啊？弄不好，我再把自己炸了……"

这个"砸挂"把别人都逗乐了，在同情他的同时，都佩服其逆境中的境界和回答问题的高明。

说相声的，在逆境中仍离不开"砸挂"，也尽是哏儿事儿。下篇咱讲"李洁尘恶搞刘宝瑞"。

沈鹏为练字写信站着写

姜维群

20 世纪 90 年代见到书法家沈鹏，其南方口音很重的普通话需要仔细听，但讲起来却是滔滔不绝。沈鹏自幼习诗书画，后以书法名闻中外。为了练字，他不舍弃任何机会，就是连写信也站着用毛笔写。前几年有记者问对电脑打字、手机发信息的问题如何看，他说，我用电脑打字思维就是调动不起来，我现在写字写信都是用毛笔。一生手不离毛笔，手不释书卷，这或许是成为大书家的基本条件。

直隶同知黄山寿

王振德

在天津功成名就的黄山寿,为津派国画的雅俗共赏,注入了自己的艺术活力。

黄山寿(1855—1919),名曜,原名丽生,字山寿、旭初,号旭道人、津里草衣、龙城居士、裁烟阁主、茶山樵子等。斋名久庵、妙吉祥庵、四明榷廨等。江苏武进人。天资聪慧,十余岁即能画人物、山水、花卉,乡人以神童目之。青年时期经尊长举荐,步入仕途,官至直隶同知,遂移居津沽,与天津翰墨名士交往,书画突进。

黄山寿的青绿山水画颇受天津陈靖、刘小亭启发,后上溯王希孟、赵伯驹、赵松雪、文徵明、王原祁、王宸等历代山水名家,渐成自家面目。其人物借鉴陈老莲、改琦及天津孟毓梓诸先贤,多画《天官赐福》等吉祥题材。所画花鸟鱼虫、龙虎马羊等别具一格,受人喜爱。曾为天津同文仁记画花笺,绘花卉百种,尽态极妍,声誉倍增。庚子战乱之后,自刻"沽上余生"之印。晚年离津寓沪,以卖画谋生。

李洁尘恶搞刘宝瑞

孙福海

这个故事发生在 20 世纪 40 年代初,李伯祥的父亲李洁尘和刘宝瑞、侯一尘等人到济南府去演出,没想到日本入侵,剧场停演,也回不了天津,大家的情绪低落到了极点。

这一天，李洁尘看见刘宝瑞四脚朝天躺着睡觉，顺手就找了一个白布单子，把刘宝瑞从头到脚给盖上了。然后又把刘宝瑞的两脚两手给并了并，拿了一个脸盆，找了一堆纸，就把纸给点着了。然后，他把门开了一半，听见外头一有动静，便知道侯一尘、袁佩楼、孙少林他们从屋里出来了。就把纸烧旺了，跪在那儿就哭："哎哟！宝瑞呀！你怎么走得这么早呀？你可不应该呀！"这一哭，把所有演员都惊动了。跑过来一看："哟！刘宝瑞死了！"这可了不得啦！都跪在地下哇哇大哭。侯一尘上前抱着刘宝瑞痛苦至极："哎哟！宝瑞呀，你怎么能这样呀！"这刘宝瑞睡着半截儿，听见有动静，"噌楞"一下坐起来了！"诈尸！"吓得侯一尘撒腿就往外跑，跌跌撞撞地摔得鼻青脸肿。李洁尘哈哈大笑，这时，大家才明白：刘宝瑞没事。这个玩笑大家乐了好几天。可刘宝瑞不干了，对李洁尘说："师哥，你怎么能这样呀？"李洁尘说："谁叫这地方闹鬼子呢！""哦！我还得找鬼子去？"他们还"砸挂"呢！

演员之间互相"砸挂"特别有趣儿，下篇咱讲"苏文茂拿骆玉笙'砸挂'"。

张明山看耍猴的得到灵感

姜维群

泥人张第一代张明山少年时即显示出超人的天赋。他从七八岁就随父亲做《白猿偷桃》泥塑，这是吉祥祝寿的题材。每天"生产"一些拿到早市去卖，下午晚上再做。后张明山看耍猴的，发现自家做的这白猿和真实的猴子不一样，于是趁父亲不在，把父亲做的猿改成自己见到的猴。父亲见了大怒，认为这样不好卖。意想不到的是，拿到早市上比原来卖得好，从此父亲不再限制他。张明山十几岁就能塑出一尺多高的人物，从而创出"泥人张"的金字招牌。

吉祥精妙彭春谷

王振德

中国画自古追求吉祥康乐的境界，民国画家彭春谷是颇具代表性人物之一。

彭春谷(1859—1940)名旸，号丹山谷隐、伴鹤山樵、丹山鹤叟等，室名知不足斋、绚景庵等，四川丹棱人。自幼受父辈督导，攻习诗文书画，少年时即有才子之誉。及长以擅书画聘为景德镇御窑画师，得以临习唐宋元明清历代名家画迹，技艺日趋娴熟精妙，主画富贵人物、吉祥山水、喜庆花卉。1916年应袁世凯政权诏令，改画"洪宪瓷"，半年后随袁氏垮台而沦为社会画家，全凭卖画授徒为生。

春谷先生约1919年定居天津，其吉祥精妙的青绿山水颇受各界人士欢迎，其敦厚朴实的人品博得画界人士的赞誉。曾与陆辛农组织"中原画友会"，定期在中原公司六楼进行书画交流或展销活动，津中画人一时多往从之。他与陆文郁合笔之作，更受藏家青睐。其著名弟子有郑瑞阶、赵松涛等人。

苏文茂拿骆玉笙"砸挂"

孙福海

天津市曲艺团成立之后的第一任相声队长是苏文茂，他说："我这个队长，管着我的四个爷爷、一群叔叔大爷！"因为他的辈分小，马三立、郭荣启、常连安、张寿臣都是他爷爷！一群叔叔、大爷呢？有赵佩茹、朱相臣、常宝霆、白全福等。这些长辈也都非常尊敬他，支持他的工作。他说："工作上他们都听我的，在生活上，我还得照顾他们，相声界尊老敬老的传统不能丢。"有一次到外地去演出，张寿臣养了一个草虫叫"金铃"，叫得特别好听，苏文茂白天得帮助张寿臣"伺候"这个草虫。到了晚上，该睡觉了，没想到宿舍不隔音！那时，生活都特别简朴，几个人住一个大通铺。半夜听见隔壁房间的骆玉笙睡觉咬牙！这咬牙的声音也有点儿太响了，这屋的常宝霆、白全福、朱相臣等相声演员就都坐起来了，想乐又乐不出来，想说话又不知道说什么，这时苏文茂"砸"了一"挂"，他对张寿臣说："师爷！早知道能听这个声音，咱还带草虫儿干嘛呢？"大伙儿"扑哧"一声全乐了！骆玉笙在那边也被笑醒了，她还跟着翻"包袱儿"："你找骂呀?!"大伙儿更乐了！

在生活中，相声演员的"砸挂"也有犯嘎的时候。下篇咱讲"杨少华在火车上犯嘎"。

纪振民绘画启蒙于杨柳青年画
姜维群

山水画家纪振民系河北省安国人，父亲在农村是医生，书法好，过年时十里八乡请他写春联，年幼的纪振民颇受影响。每逢过年，纪振民的父亲就带着他到集市大量买年画，他特别喜欢杨柳青年画。年画贴在墙上他不仅喜欢看，同时按照上面的画临摹，这为他日后从事美术教育工作打下了基础。纪振民后考入天津美术学院，从西画入手而最终成就于国画山水，为津门山水大家孙克纲入室弟子，现为书画山水大家。

书画全才马家桐

王振德

马家桐（1861—1937），字景韩、景含、井繁、醒凡等，号橄澹园丁、厢东居士、未思居士、耿轩主人、葙印庐主等。因得汉代铜印镌有"佳同"二字，遂自号佳同。其斋名古罗老屋、邃巢、唪斋等。早年学画于孟毓梓，后追随师兄张兆祥，同时上溯周之冕、吕纪、恽南田、蒋廷锡、王忘庵等明清先贤，兼容海上四任（任熊、任薰、任预、任颐）画法，逐步形成古雅华丽、堂皇精妙的绘画风格。与张兆祥、王铸九、徐子明合称"津门四子"，共铸津派画风。

马家桐传世画作以花鸟居多，所画形象生动活泼，用笔挺劲灵妙，赋色温润艳丽，章法稳妥严谨。喜画巨幅屏障，气势壮阔，尽显大家风范。其书法根于二王，参酌唐宋，笔法清劲宜人，俨然自家风骨。篆刻宗法两汉，自谓"马氏汉风"。

马家桐与书法家孟广慧友善，二人皆喜爱收藏，精于仿古，时人称为"津门二甲"。

杨少华在火车上犯嘎

孙福海

20世纪80年代初，天津市曲艺团实行承包制，多劳多得。有一次，杨少华与刘俊杰要从一个县城赶到另外一个县城演出，挤不上火车。怎么办呢？下一个剧场的票都卖光了，不能耽误演出。那时大家也不认识杨少华，他就对刘俊杰说："小子，下一趟车再来，我往前挤，你在后面推我，这趟车要上不去，准误场。"还真不错,俩人前后一使劲儿还真上去了。上去以后,杨少华在两个车厢中间脚就离了地啦!这可受不了,他岁数大人又瘦,挤得他喘不上气儿,他想:到了站把我也挤成皮影中的影人了!他便用"行话"告诉俊杰:"我得使腥门子。"就是使假。俊杰还纳闷呢:"您使什么腥门子?"这时候就见杨少华嚷了一声:"啊!我要吐!"这时围在他周围的乘客"呼啦"一下子就让开了,都怕吐自己一身,杨少华高兴:"可喘口气儿了,脚也落地儿啦!"没想到,一会儿又都挤过来了,他又"啊!我吐!"乘客又闪开了,他想:这不行!马上一捂胸口,"我心脏病……"列车长赶来了:"快!上我那个卧铺!"杨少华一指刘俊杰:"他得伺候我!""一块儿去!"晚上到了剧场,经理这个高兴啊:"看看这老艺术家的精神,没误场。"杨少华还吹牛呢,说:"当年我要是八路,准是英雄。"刘俊杰说:"您别挨骂了。"

相声演员在生活中都挺哏儿。下篇咱讲"张志宽的瞎话穿帮"。

齐治源最舍得花钱买印

姜维群

齐治源书法篆刻别具风格,与之花钱买印有关。其从年轻时就喜欢按照挂笔单的印家润格买印,买遍京津不说还买遍大江南北。所以他自言:"遍寻南北百余家为制名号印千余方,搜集古今印谱百余部,另有章太炎、吴昌硕等人书法及珍贵印石等。"齐治源认为,花钱买印实际上是花钱买眼,即眼力。在藏印上,他是京津第一人,无出其右者。

天津书坛泰斗华世奎

王振德

天津民国年间书坛领军人物华世奎，是传承并拓展馆阁书体的卓越代表。有人将其与清翁同龢并称"馆阁二老"，有人将其与严范孙、孟广慧、赵元礼并称"津门书法四大家"，有人称誉他为民国"馆阁体书法纛旗"，有人认为他是"近代颜书第一人"。2014年11月20日，天津美术馆为纪念他诞辰150周年，展出其传世书作150幅，倾动津门父老乡亲，各地慕名者接踵而来，展期顺延一个月，观众超越万人次。可见人们对这位德艺双馨的书坛泰斗的敬重与缅怀之情。

华世奎(1863—1942)，字启臣，号壁臣，又号思闇等，世居天津。30岁中举，历官内阁中书、内阁阁丞等职位。辛亥革命胜利，他亲笔书写了宣统皇帝退位诏书，可知其书法的权威性。

华世奎归隐天津后，自号北海逸民，拒绝与权贵及日寇往来，以书法度日。其书法亦从馆阁体拓展为自家风格，气魄宏伟，骨力开张，笔画沉雄。有《思闇诗集》及书法作品集传世。

张志宽的瞎话穿帮

孙福海

张志宽喜欢打牌，可他老婆不让他玩儿。因为志宽的身体出了两次大毛病！一次是链霉素中毒，一次因心脏不好，休克在火车上了。他爱人是搞医的，说："打牌又不能阻止别人抽烟，久坐也不好，输赢情绪还容易激动！"

张志宽老得说瞎话，有时跟刘晰宇一块儿出门演出，说："晰宇，给我媳妇打电话，就说咱明天还有一场！咱打牌去，你得跟着，否则容易穿帮！"打完牌，张志宽把钱输了，刘晰宇就"砸挂"："师叔，谢谢您了！""甭谢，把钱拿来！明儿你婶一问，演出的钱呢？就穿帮了。"然后他说："明儿到我家去！你婶上班。"转天，他聚集了一桌牌迷在家里打牌。他怕老婆提前下班，一会儿一给他老婆打电话："今天买嘛菜吗？"一会儿又问："今天咱做嘛吃？"他老婆心想：今天怎么这么勤快？老问我吃什么。张志宽打着牌还得站起来往窗户外边看。估计差不多了，说："快！清理现场。"然后把吃剩的饭往厕所一倒、水箱一拉。窗户全打开，把大伙儿抽的烟拿扇子扇，地毯上的桌子赶紧合起来搁在旁边。然后哥儿几个就在那儿聊天了。他老婆一进门，说："你们干嘛呢？""排练。""不对吧？你们打牌了！""谁说我们打牌了，你造谣！""你看那地毯上四个桌子腿的印还在呢！""嗨！穿帮了！"

您说有意思吧?！下篇咱讲"刘亚津逞能酿苦果"。

曾昭国汉砖拓片补画得新趣

姜维群

画家曾昭国擅山水，极重传统，60岁后逐渐形成静气、文气的清新韵味。喜欢秦砖汉瓦，收藏汉砖已见规模。他不仅悉心研究，近年椎拓汉砖残字然后补画小品，颇得古朴自然天趣。如在乙末年春节《天津日报·满庭芳》刊发一画，他以汉砖"寿万年"拓片字做"底托"成石盆状，上补湖石灵芝，雅意可掬，文采四射，观者无不拊掌拍案，称道此画是文人雅意、雅者文玩也。

华世奎的书法风格

王振德

华世奎,字启臣,号璧臣、弼臣、弼宸、思闇,晚号睫巢居士、北海逸民、北海老人等。自幼临习法帖名碑,攻习四书五经。17岁入天津县学,23岁取拔贡,30岁中举人,历任内阁中书、内阁阁丞,官为正二品,走的是科举仕宦之路,其早年书风自然是馆阁体。

华世奎退隐归津后,以书法为生,其书风变为融汇诸家的华体,如其弟子所说:"其楷书用的是颜真卿笔画,钱南园的间架,苏东坡的结构,结体内圆外方。隶书取法《史晨碑》,草书取法张旭,追求清灵之气和造化之功。"此其大略也。如从其传世作品考察,他对前辈刘墉、翁同龢、赵之廉诸家的吸收也很明显。

华世奎对碑学虽有容纳,但根基仍是帖学。他平生最钦佩颜真卿其人其书,如他1925年书写扇面中所说:"颜鲁公书,雄秀独出,一变古法,如杜子美诗格,力由天纵,奄有汉魏晋宋以来风流,后之作者殆难复能措手。"

刘亚津逞能酿苦果

孙福海

刘亚津现为空政文工团演员,幼小在天津市曲艺团做学徒。那时曲艺团的学员队与杂技团在一个院。所以,刘亚津与王宏、郑健、戴志诚4个学员常到杂技团排练场去玩儿。杂技学员练功,他们看着新鲜,也跟着一块儿练。当时刘亚津挺能耐,说:

"别看练杂技的身体好,但一个个都跟傻子一样!咱说相声的脑子灵!老师讲的要领一听就明白。"所以,什么"水流星""抖空竹""钻圈",他也过去耍两下,并得到了杂技教练的表扬,说:"你看看!你们这些练杂技的,太笨了!看看人家刘亚津,一天没练过,这钻圈,'噌'就过去了!人家找'范儿'找得准!"刘亚津得到表扬更能耐了。他看见有一个顶坛子的,也非得试,还挑了一个大个的坛子!一只手把它拿起来,在两腿之间晃了晃,因为这大坛子太沉,不晃扔不上去,分量太重啦,用手扔到空中然后用脑袋去接!他用脑袋接住了!周围一片叫好声。王宏见他接住坛子后面无表情,帮他把坛子慢慢地拿下来,说:"哥!感觉怎么样?"亚津说:"我眼前都是金子!"砸得他俩眼冒金星儿!"赶紧回宿舍。"他大义凛然地回到宿舍后跟王宏说:"你知道要是表扬一个人能耐,为什么会说'这个人俩脑袋'吗?嗯!我这儿就砸出一个脑袋来!"

他还能耐呢!加拿大籍的相声演员大山也因逞能出过笑话。下篇咱讲"大山就餐逞能的笑话"。

篆刻家张福义瓷印古意浓

姜维群

书法家篆刻家张福义治印古雅有金石气,峻逸中韵致含蓄。其石印之外还擅刻瓷印。瓷印必在烧制前刻制,烧制前的瓷印坯就像是一块泥,很软不说,刀子一碰就掉下不规则的一片。在这样的"印面"上刻出金石味的笔道,的确很难。然张福义刻的一二百方瓷印,无论多字印还是独字印,无论阴文阳文还是名章闲章,都是韵味十足、笔画精道,令书画家们爱不释手。

赵元礼其人其艺

王振德

赵元礼(1868—1939)，字幼梅、体仁，号藏斋、明灯夜雨楼主等，世居天津。19 岁入县学，20 岁教家馆，历任天津育婴堂堂董、工艺学堂庶务长、滦州矿地公司经理、直隶省银行监理官等职，曾以劳绩任知县，派赴日本考察。他是弘一法师李叔同早年学习诗词的启蒙老师，甚得李叔同敬重。

赵元礼自幼喜爱诗书，少年时期从胡若愚学习书法，打下深厚功底。及长以颜真卿筑基，醉心苏东坡，精到之处，直逼东坡神韵。名士杨僧若诗云："东坡画字如有神，藏斋学之能乱真。"陆莘农认为"幼梅写苏于天津称第一"。其得意之作为《藏斋居士临观海堂帖》。在天津书坛，他与华世奎、严范孙、孟广慧并称四大学。

赵元礼晚年注重弘扬国学，他与华世奎主持崇化学会，延聘章式之等鸿儒主持。与严修、林墨青等人创办城南诗社。与杨味云、章一山组织俦社，诗酒唱酬。其诗集有 13 卷《藏斋集》等。

大山就餐逞能的笑话

孙福海

在中国家喻户晓的加拿大籍"笑星"大山，是相声界正式传承中的第八代传人，也是第一个被相声界接纳的外籍相声演员。

1988 年大山作为中加两国互换学者来到北大中文，1989

年在北京大学正式拜师姜昆，仪式由李金斗主持，陈涌泉、唐杰忠等各个辈分的代表出席见证。那时，大山是一个穷学生，拜师的费用全由北京大学资助。大山是个有心人，他到中国学中文，先打听中国的语言什么最难学，有人告诉他，相声的语言最丰富，许多行当的演员及主持人都用相声中的"绕口令"打基功，所以他非得拜姜昆。

他好奇心也特重，刚到北京，听人说"豆汁儿太好喝了"，把他馋得够呛。礼拜天就出去找"豆汁儿"，付了钱，端起碗，迫不及待地一口喝了下去，呛得他满鼻子都是酸馊味儿："怎么喝了一肚子泔水啊?! 嗯! 可能皇城根儿的人讲究营养。得! 为尝美味，我不怕以身殉职。"他全喝啦!

晚上回留学生食堂吃饭，桌上摆着一盘腐乳，即酱豆腐，他没见过。按照外国人的思维，准是餐前甜点，他要在同学面前显示自己，装出惊喜状，"勇敢"地用筷子串了一串儿，往嘴里一放："妈呀! 咸死我啦!"可还不能吐，满脸笑容地冲着同学点头。心里难过死了，那天他喝了七暖壶水。

谁都有露怯的时候，咱下篇讲"魏文亮在国外的笑话"。

王振德书法转益多师自成一家

姜维群

美术评论家、学者王振德研究各方面史料，遍访京津名家，第一次厘清天津明清以来的画家代承关系。在做研究的同时，多年临池不辍，其个展上展出的12条黄庭坚体书法使人震撼。王振德书法求简约、求自然，自成一家，尽量减少笔画的提顿，在修饰方面做"减法",力求自然流畅。王振德喜欢在画作上题写长跋,其辞章诗句信手拈来,清新自然、明白易懂,这些都形成独特的自家风格。

赵元礼的人品与书艺

王振德

赵元礼(1868—1939),字幼梅、体仁,号藏斋,是天津著名教育家、诗人和书法家。在书法方面,他与华世奎、严范孙、孟广慧并称天津民国四大书家。其幼年受祖父大智公与父亲承修公启蒙,读经习帖,精勤不倦。13岁从胡若愚学书法执笔,得"指实掌虚,腕运而手不知"秘诀,写字能力透纸背。其临帖由唐颜真卿入手,中年后从宋苏东坡出道,求其神意而不拘形迹,可谓先刚后柔,先雄强而后平正,从不弄奇作怪,唯求文雅平实、自然舒展,独得儒雅冲和的翰墨气象。

赵元礼为人敦厚勤勉,待人侠义,有口皆碑。好友李钖三客死天津,他全力处理善后事宜,将其灵柩送回通州原籍,百般抚恤其家属,可谓仁至义尽。对严范孙等挚友均诚信相待。

赵元礼勤于作诗,积极参加城南诗社、俦社、星二会、增福社等诗友联吟活动。其传世著作有《藏斋随笔》《藏斋诗集》《诗话》等。

魏文亮在国外的笑话

孙福海

魏文亮的两个儿子都在澳大利亚,他和夫人刘婉华也经常去看望儿子、儿媳、孙子、孙女。有一次他们夫妇刚到澳大利亚,便来了一位喜欢他相声的澳洲人。这位"粉丝"会说一口流利的中国话,他先向魏文亮介绍陪他来拜访的夫人,然后就夸文亮相声说得好,崇拜至极。出于礼貌,文亮也把自己的夫人介绍给对方。按照习俗,这位外国人说:"您的夫人很漂亮!"文亮谦虚地说:"哪里,哪里。"这句话在中国是客套用语,可这位外国人不明白。他心里琢磨:"哪里?哪里?噢!他是问我,他夫人哪里漂亮?"马上说:"您夫人的皮肤很漂亮!"文亮也没明白过来,仍然谦虚地客套:"哪里,哪里。"这个外国人心想:"怎么他还问我他夫人哪漂亮?"便说:"您夫人的眼睛很漂亮!"文亮说:"哪里,哪里。"这位外国人不明白了,他怎么这么喜欢别人夸他夫人呢?那我还得接着夸:"您夫人的嘴唇很漂亮!"这时文亮也想:"他总盯着我媳妇干嘛?"当顺口说完"哪里,哪里"后,发现这个外国人正顺着他媳妇的脸往下看,用手指向他媳妇的"三围",他突然明白了,还没等这个外国人张口,便抢着说:"您的夫人更漂亮!她的乳房最漂亮。"

都醒过味儿来了,在场的人都捂着肚子乐起来没完啦!

再大"腕儿"的相声演员也难免有丢人的事,下篇咱讲"侯宝林丢人的花钱找病"。

龚望"乐睡轩"有禅味

姜维群

书法家龚望斋号不少,不下十个。其有一"乐睡轩",说明他不仅爱睡乐睡,还能睡出"功夫"来。他的入室弟子张福义曾送笔者龚望随手写的一纸片,上书静竹居士的联语,"频年颇识闲多味;长日唯将睡作功",将睡觉当作一种功夫,禅味颇深。龚望曾作《六十岁自嘲》诗,"足吾所好以自娱,有轩一楹名乐睡"。读书写字是功夫,吃饭睡觉也是功夫,能解其中味者,必有道之士。

赵元礼与齐白石的交往

王振德

赵元礼,字幼梅、体仁,号藏斋,是 20 世纪二三十年代誉满津京的书法家和诗人。

1932 年齐白石弟子张次溪编辑 8 卷本《白石诗草》,特请赵元礼、王仲言、吴北江、宗子威、杨云史等八位名家题诗。赵元礼题诗两首,其一云:"故都万人海,齐叟足声名。光怪新书画,沉酣古性情。黄花霜信紧,白发梦魂惊。想象耽奇句,天花照眼明。"其二云:"绝似冬心笔,樊山品骘真。高吟动寥阔,情话写酸辛。身世一杯酒,年华双转轮。诗人能老寿,慎勿厌劳尘。"其对齐白石的情谊和评价发自肺腑。白石特画《明灯夜雨楼图》回赠,自此往来不断。

他们相互拜访,相见时必有诗词唱和。收入《齐白石全集》的《赵幼梅君过访,席上偶吟》《幼梅次韵赠余,余再用原韵赠之》《赵幼梅索画扇》等,即为明证。此外,他们互通的信件也时有发现,如齐白石《与赵幼梅书》《请赵幼梅查询王逸塘住址信》等,敬重之情溢于言表。

侯宝林丢人的花钱找病

孙福海

侯宝林出身贫寒,4 岁时过继给舅舅改姓侯,自己生身父母是谁、家在哪儿,都不知道。舅舅家也很穷,稍大一点儿他就去拣煤核儿、帮人推车。学艺以后,白天在北京天桥"撂地",晚上背着残疾师兄到妓院卖唱。那时他连个名字都没有,只知是酉时生人，小名就叫"小酉儿"。后来他正式拜师，其师朱阔泉才赐他正式名字。

他 1945 年到了天津以后，演"红"了，也赚钱啦！他当时在南市的燕乐戏院（新中国成立后改名红旗戏院）演出，离当时天津最大的浴池玉清池很近。他也学有钱人那样，去玉清池洗澡，洗完了以后躺那儿休息。他发现浴池里有专门给顾客捏脚的，享受捏脚的人躺在那龇牙咧嘴地倒吸凉气，一个劲儿地喊："美！"心想："这么舒服的事，我也得来来！"便学着有钱人的做派，冲那个捏脚的一挥手："给我也来来！"第一次没感觉怎么美，第二次去洗澡又让人给捏脚。后来才明白，那时浴池里捏脚的是搓脚气、挑脚气泡的。有脚气的人龇牙咧嘴地才喊"美"，他没脚气的捏了两次，不但没感觉美，反被传染上了脚气。他自己在后台提起这事就"砸挂"，说："丢人啊！刚有俩钱就摆谱，我这就叫花钱找病，弄个脚气带一辈子。"

马三立堪称是老江湖了，可是也有让人涮的时候。下篇咱讲"马三立也被人涮"。

张慈生著《天津古玩业简述》
姜维群

张慈生，天津人，国家文物鉴定委员会委员，从少年即入古玩行学徒，精于字画、瓷器等鉴定。待人接物厚道诚恳，有旧时生意人的遗风。其在 20 世纪 80 年代写了《天津古玩业简述》，由天津市文物公司油印，近两万字。虽是小册子，但却是天津第一本谈古玩业简述的小书。书中一个章节专门记述了溥仪带出宫的千余件书画的流通情况，至今依然有文献价值。

亚东第一孟广慧

王振德

孟广慧(1868—1940),字定生,号定僧,别号白云山人、君子泉等。斋号淳于室。自幼受叔父熏染,而酷爱诗文书法。少年入县学,八岁能写擘窠大字,青年时代兼能真草隶篆诸体而名闻津门。民国初年参加全国书法展览,其书作被评为"亚东第一"。1915年参加美国旧金山万国博览会,其书作《六条屏》诸体互异,功深艺萃,名扬海内外。民国年间,他与华世奎、严范孙、赵元礼并称天津四大书家。

孟广慧学识渊博,慧眼灵心,不仅遍学北碑南帖,而且壮游苏鄂浙闽诸省,颇得学识营养和江山之助。1899年秋与王襄最先在天津辨识河南安阳出土的甲骨文字,成为中国最早的甲骨文专家之一。他对古书及金石也能精鉴。这些修养使其书法步入高卓之境且颇富内涵。

孟广慧书法才能全面,尤以隶篆饮誉书坛。其隶书与篆书皆平中寓奇,深厚通灵,融入了甲骨文字的神韵,具有庄重、古朴、遒健的艺术风貌。

马三立也被人涮

孙福海

1937年"七七事变"后,日本发动了侵华战争。演出市场萧条,艺人的生活受到影响。可巧,奉天(今沈阳)的"翔云阁"茶社到津邀请马三立。条件是来回路费、住宿全管,演出收入按三七分,即茶社拿收入的三成,马三立拿七成。马三立想,天津时局不好,应该去奉天赚钱养家糊口。于是便和佟浩如去了奉天。到了车站,茶社未食言,果然派"洋车"(天津叫胶皮)来接,到了茶社便在后台安排了住宿。第二天开始演出,效果特别好。散戏后,茶社经理来到后台,说:"怎么能让马三立住后台呢?赶紧安排旅店。"马上就有人给马三立和佟浩如在附近旅店安顿了住处。马三立高兴,演出也场场爆满。一连几天过去了,就是不提分钱的事。马三立着急了,家中等钱买粮啊!便跟经理说:"您费心,是不是该算一下这几天的收入啦?"经理笑着说:"对!您还欠一点儿钱。"马三立糊涂了:"我?还欠钱?""对!您的火车票钱、洋车钱、旅店钱,加在一起减去您的收入,您欠钱!"马三立说:"不对啊!当初不是说好了,来回旅费、住宿你们全管吗?""没错,是全管!我们说的'全管',是'管买',但钱得您自己花。""啊?这么个'全管'啊?"他让人家给涮了。茶社的后台都是流氓,没办法,马三立白演了俩月才回津。

马三立在东北让人涮了,刘宝瑞在天津挨了一次打。下篇咱讲"刘宝瑞挨打"。

孙本长立志画三幅巨作

姜维群

孙本长,天津山水画家,他的《河源嫁女》是一幅气势磅礴的黄河图,获第七届全国美展银奖、首届中国美协齐白石基金奖和日本日中友好会馆大奖。这样的殊荣至今无人突破。孙本长曾立下宏愿,要十年磨一剑,完成三幅"鸿篇巨制"。此后他创作出画面宏大的《大江遗民》,作品完成后他说,再用 10 年时间画长城,把中国的黄河、长江、长城全都画出来。可惜的是"出师未捷身先死",孙本长于十多年前溘然离世。

国学宗师梁启超

王振德

梁启超生命中的最后 15 年是在天津意租界饮冰室度过的。在这里,他与蔡锷策划了护国反袁,系统整理了平生珍藏的碑帖拓本和千余册善本古籍;作为清华大学和南开大学教授,他在这里接待过数以百计的名人贵客和青年学子, 他以惊人毅力完成了一千四百余万字的著述。

梁启超(1873—1929),字卓如,号任公,别号饮冰子、饮冰室主人、自由斋主人等,广东新会人。17 岁中举,22 岁拜康有为为师并参与维新变法,事败后流亡日本,赞同孙中山民主思想,返国任北洋政府司法总长等职。1914 年定居天津,开始了倾心著述的学者生涯。

作为书法家,他早年在临写碑帖方面下过扎实功夫,故而真草隶篆及魏碑兼擅,先是以馆阁体书法中举入仕,继而吸纳康有为碑书且以《张墨女碑》为根基,集诸家为己用,形成了雄强、清劲、古雅、遒美的书法风格。

刘宝瑞挨打

孙福海

旧社会的艺人太苦了。"单口相声大王"刘宝瑞在津跟其师张寿臣学艺,18 岁以后给马三立捧哏。一次出门演出,饿晕在轮船上,马三立偷了船上一个烧饼才把他救活。

在天津演出时,每个人都要求加入青帮,否则甭想上台。刘宝瑞就问马三立,说:"三叔,咱怎么办呢?"马三立说:"我不入!""为什么呢?""挣这点儿钱,还不够逢年过节给青帮大辈儿送礼的呢?他们不是老太太过生日就是孩子满月,三天两头随份子,我天津演不了上外地。"马三立和高少亭便去了杨柳青、沧州、德州等地。刘宝瑞自恃聪明,既不去外地,也不入青帮。怎么办呢?他偷偷地把青帮里边的"黑话"全学会了,还真能糊弄一气。有青帮的人一盘道,他面不改色心不跳,用"黑话"对答如流。美!而且还吹:"你们这些说相声的,还认为自己脑子好?跟我比,太笨啦!"没想到,他这个假青帮让一个青帮大佬给识破了。一帮人把他拉走,一痛臭揍,并扬言要他的命。后来艺人们花钱托人才把他救出来。

出来后,他还没忘了"砸挂",说:"别看我挨打了,但能存钱娶媳妇。"他还惦记媳妇呢!

青帮里的"黑话"虽然跟相声界的"春典"内容不一样,但都秘不示人。有一次,几个说相声的在李伯祥家就闹出了一场笑话。下篇咱讲"李伯祥家的客人出丑"。

纪振民山水画越画越"黑"

姜维群

纪振民是孙克纲先生入室弟子,追随先生多年,在泼墨山水画方面继承了乃师的风格。近年来在乃师基础上融进李可染重墨多层次的山水画风,大胆落笔,精心着墨。他的山水画越来越厚重,在重墨中显现出墨分五彩、山石千叠,尤其在重墨中添加进一线流瀑、一泓明湖,使画面光影跳动、山峦灵动。正所谓"墨墨团中团团墨,墨墨团中天地宽"。

民国初年画坛领袖陈师曾

王振德

陈师曾（1876—1923），名衡恪，字师曾，号朽者、朽道人，斋名槐堂、染仓石、安阳石室。江西修水人，诗人陈三立之子。10 岁能作擘窠大字。早年留学日本，1909 年归国后任教南通长沙等地，其诗书画印皆得吴昌硕指点。1913 年在教育部任职，兼为北平高师及北平艺专教授。他以高堂人口、渊博学识、苍健画风和朴拙书法篆印受人敬重。同时积极创办中国书画社团，努力推动中国书画对外交流活动。面对当年兴起的"全盘西化"思潮，他充分肯定中国画的历史成就和现实作用，发表《文人画之价值》《中国画是进步的》等论著，成为画坛领袖之一。

陈师曾与金北楼、姚华、余绍宋是民国初年捍卫中国画价值的四位学者型的大画家，他们捍卫中华文化的立场坚定不移，但思想并不保守，都主张吸取西方文化的长处。如陈师曾《北京风俗画》册页，植根于生活，汲取国外漫画的有益成分，形成独特的中国人物画风格。

陈师曾帮助齐白石甚多，其人其艺令人叹服。

李伯祥家的客人出丑

孙福海

相声演员爱"砸挂"，不管在什么场合，也不管旁边都有谁，互相之间"找哏"不断。而且，业内还有一条不成文的习俗，即"砸挂"不分辈分长幼。

有一次,几个外地说相声的到李伯祥家拜访。因为年轻,一进门,都先后按照相声门里的辈分,喊伯祥的夫人为婶或奶奶。伯祥的夫人是有名的贤妻良母,当初伯祥长年在外地演出,是她伺候公婆并为公婆养老送终。现在又在家照顾孙子,从来不掺和相声界的事,也很少出席相声界的活动。来客人了,不管辈分大小都热情招待,给他们沏茶倒水、剥橘子。一会儿,相声演员的本色就暴露了,开始互相"砸挂"。他们先用"春典(即行话)",说伯祥对夫人"捂杵(即藏演出费,不全交给夫人),然后看了一眼伯祥夫人,说她"未鼓盘儿(即没急)""不钻(即不懂行话)"。看伯祥夫人没什么反应,这些人便有些放肆了,继续用"春典"砸挂,还尽是男女之事。大伙儿都乐,伯祥夫人一点儿也不笑。因为客人是晚辈,伯祥也不好意思打断。这时伯祥夫人看他们越"砸"越离谱,心想用什么方法劝阻呢?她真有办法,笑呵呵地站起来,也"砸"了一"挂",说:"我撬(撬就是走),你们团吧!我不钻!"还不钻哪?她用"行话"说自己不懂"行话"。抖荤"包袱儿"的弄了个大红脸,大伙儿都乐趴下了。

相声演员的笑话特别多,下篇咱讲"杜国芝用牙钓鱼"。

"黄埔老叟"陆徽彰有贤内助

姜维群

"黄埔老叟"陆徽彰曾是黄埔军校学员,后来不是投笔从戎,而是"弃戎从笔",练就了独特的书体。他的书法笔画刚劲有力,且颤笔颇多。陆本人讷于言不善交往,他的夫人杨老师却是一位热情善谈的人,几十年来坚持不懈地推广宣传陆徽彰的书法,各种义捐义卖的慈善活动从不落后,和全国媒体联系密切,各种大赛经常参加。年过八旬的杨老师一直在为建立"黄埔老叟"的书法纪念馆努力,堪为名副其实的书法家贤内助。

近现代国画大师金北楼

王振德

金北楼（1878—1926），名城、绍城，字巩伯、拱北，号北楼、藕湖、经郭、苏伐罗加耶迦叶等，斋号墨茶阁，浙江归安人。在20世纪中华文化饱受攻讦之时，他挺身而出，创办中国画学研究会，提出"精研古法，博采新知"，"以保国画之精神"的宗旨，不仅创作出许多具有中华气派的国画精品，还培养出徐燕孙、秦仲文、刘子久、陈少梅、张其翼、吴镜汀、李鹤筹等一大批书画英杰，时人奉为"北平广大教主。"

1912年金北楼奉命赴欧洲考察，荣获万国摄影会颁发的一等奖。1914年建议民国政府将承德行宫及奉天行宫的书画文物与故宫文物合为一体，并直接参与在北京筹建古物陈列所的工作。1919年赴北京大学宣讲弘扬国画之主张。

金北楼在讲演中动情地指出："吾国数千年之艺术，成绩斐然，世界钦佩。而无知者流，不知国粹之宜保存，宜发扬，反腆颜曰'艺术革命''艺术叛徒'，清夜自思，得毋愧乎？"

杜国芝用牙钓鱼

孙福海

杜国芝为人朴实忠厚，在业内有着乐于助人的好人缘。

在20世纪80年代初，市曲艺团实行经济承包制，组成了若干相声承包队。出门演出很辛苦，而且大部分时间是在县城和偏远地区。为了节省开支，杜国芝担当起给大家义务做饭的任务。天津人爱吃鱼，杜国芝又喜欢钓鱼。所以他每次出门都带上钓鱼的鱼钩、鱼线，到一个地方就找水坑钓鱼，给大家改善伙食。有一次，是炎热的夏天，他忘了带蚊帐。赶紧到农村的集市上买蚊帐，划价、压价，还真便宜。大家都表扬他："真行！这在天津再添十倍的钱也买不下来！"美！到了半夜，咬得他睡不着了，睁眼一看，蚊帐里都是吃饱了的蚊子。他"砸挂"说："我买了一个渔网，蚊子顺着蚊帐眼都钻进来了，我上这献血来了。"不睡啦！钓鱼去。他来到剧场附近一个河沟，用嘴嚼了嚼自己加工的鱼食，上到鱼钩上，然后再嚼食打窝儿，不一会儿钓上来好几条。杜国芝高兴，继续嚼食打窝儿，往水里一扔，坏了！满口的假牙沾到鱼食上一起扔河里啦！他提着鱼就往宿舍跑，把大伙儿砸起来去河沟帮他摸牙。晚上得演出呀，没牙说话漏气！大伙儿在河沟里一边摸牙一边乐，路过的人不明白，问："你们摸什么呢？""摸牙！钓鱼掉河里了。"这个人听着新鲜："天津人绝啦！用牙钓鱼！"

在这个承包队里，还有一位每天"包袱儿"不断的白全福。咱下篇讲"白全福'砸挂'认爹"。

王振德首提"学人画"

姜维群

书画理论家王振德首次提出"学人画"。可以这样说，学人画历代都有，然提出学人画的观点则滥觞于王振德。他认为，与文人画相比，学人画更注重学者参与作画，或言画家应具有更多的学术意识。文人画重在抒发情感，而学人画重在体现心智。这种提法曾在美术界引起关注，也引起讨论。大家较一致的观点是，学人画的提法应该引起重视，并继续进行研究，任何学术问题开始提出都不会是尽善尽美的。

书法大师于右任

王振德

于右任（1879—1964），名伯循，字右任，号骚心，陕西三原人。清末举人。后追随孙中山创办报刊，倡导民主革命。"讨袁护法"期间任靖国军总司令，后任陕西省政府主席、民国政府监察院院长等职，其诗文书法皆有成就。

于右任自幼好学，11岁就读于名塾师毛班香，并随祖父攻习书法，11岁时已能真草隶篆，乡人惊为奇才。其书法初学赵孟頫，后潜心北朝碑刻。复以北碑筑基，参入竹木简书，形成简洁质朴、洒脱自然的书法面目，时人呼为"于体"。

1927年前后，于右任致力于草书研究，1931年创办草书研究社，将历代草书作了系统整理和比较，找出其中规律，加以标准化和规范化。同时以《千字文》为底本，本着"易识、易写、准确、美丽"八字宗旨，为形体多变的草书归类定型，历经十年辛苦，终于在1936年完成并出版了《标准草书》一书，为中国草书的规范化、现代化与普及化做出了卓越贡献。

白全福"砸挂"认爹

孙福海

市曲艺团实行经济承包时，每次出门演出都得两个月以上。时间长了，年轻人想家。但白全福每天"包袱儿"不断，使大家乐不思蜀。

夏天天气热,晚上散戏后,大伙儿全都集中在白全福的宿舍。常宝霆一指躺在床上的白全福,说:"你们瞧,白三哥睡觉翻身有特点,两手先搂肚子,这肚子搬过去了,才能翻身。"大伙儿一乐,白全福便"砸挂",说:"别闹!我正开骨缝呢!"啊!妇女生孩子才开骨缝,一个六十多岁胖男人开骨缝?这更把大家逗乐了!白全福年长常宝霆11岁,第二天赶火车,常宝霆就替白全福拿着小件行李,累得呼哧带喘。这时一个七八岁的小孩撞了白全福一下,白全福赶紧一捂口袋,说:"荣点、念杵、都是合字儿的!"这几句"行话"把小孩给说愣了。"荣点"是小偷,"念杵"是没钱,"都是合字儿的"就是咱都是跑江湖的。把常宝霆乐得都蹲地上了。转天大家爬山,看名胜古迹,爬到半山腰都爬不动了。这时白全福看见一墓碑,上写"白烈士之墓",他扑通跪下就磕头,把大伙儿吓一跳。苏文茂赶紧问:"三叔,怎么啦?"白全福说:"我爸爸埋这儿啦!"大伙儿捂着肚子乐!苏文茂搀着他还劝:"别太难过啦!您尽孝了!"大伙儿乐着就到山顶啦!

"砸挂"是相声演员的基本功之一,下篇咱讲"阎德山'砸挂'赚钱"。

曾昭国拒画"风水画"

姜维群

山水画家曾昭国以传统功力得誉于京津,多有人重金求画。一日某土豪辗转得到曾昭国电话,求六尺横幅山水,其言钱不成问题,但画必须符合他的要求,一要有一较宽的瀑布,代表财源茂盛;二要瀑布画在山的左侧,寓意是财往家流;三要山必青山水须碧水。曾昭国听罢说,你这是让我画"风水画"呀,我只会画两笔山水,对不起,不会画,另请高明吧。

于右任与西安碑林

王振德

于右任作为一位爱国者,不仅是著名政治家,而且是现代杰出诗人和书法大师。他是南社早期成员,诗词曲联皆有极高造诣,留下许多抒写国家民族兴衰之情的篇章。而其成就最高的还是他的书法创作。

于右任自幼临习碑帖,喜爱碑帖,进而收藏碑帖,对此乐而不疲。他百倍珍爱中华民族的文字和书法遗产,为搜集、保护古代名碑石刻,花费了许多财力、物力和人力。早年为推翻封建帝制,在四处奔波的同时,搜求曹魏墓志达八十五种之多,其中有七对夫妇墓志,故以"鸳鸯七志"名斋。东汉名刻《熹平石经》,也经过他的手得以保存下来。抗战爆发后,为保文物安全,他将平生珍藏的北魏、北齐和隋唐刻石等二百九十余件,护送到西安入藏,为赞助和充实西安碑林做出了历史性的奉献。

现今西安碑林集碑石、墓志、刻石达二千八百多块,块块都凝聚着于右任这样爱国志士们的心血。

阎德山"砸挂"赚钱

孙福海

阎德山是第三代相声艺人"八德"之一,大家熟知的传世之作《丢驴吃药》就是他在天津创作的。

他在"撂地"时,善于聚拢观众。有一次演出,一位家长要找在这听相声的孩子,便冲着演出场子喊孩子。这时阎德山正要打钱(即要钱),如果观众一回头,人散了,就没人给钱了。阎德山反应快,那个观众一喊:"狗子!"他没等观众回过神儿来,就先答应了,"哎!"答应完马上翻"包袱儿",说:"哟!我成他儿子了!"观众都乐啦!这个"包袱儿",一定要抢在观众还没有反应之前,观众才不走神儿,差一秒都不行!这时还不能算完,因为得打钱。他接着说:"您看看这孩子有爹有妈多好啊?有爹有妈有人找,不像我,没爹没妈。"那个找孩子的人也不找孩子了,在听他抖"包袱儿"。然后他冲着观众说:"您问我妈干嘛去了?我妈跟着野男人跑了。"他这是用自嘲自贬找"包袱儿"。虽然有点儿低俗,可是在旧社会也不足为怪。关键是看他的反应速度和控制观众的能力,他一刻不停地对着观众说:"您问我爸爸呀?我爸爸找我妈去了。我太可怜了,诸位您就赏个钱吧。"他把钱打了!而且还没少挣。

这是接观众搅局的"砸挂",还有一种接前场演员"砸"自己而反击的"楼上楼"式的"现挂"。下篇咱讲"张寿臣'楼上楼'的现挂"。

张牧石解张伯驹"京兆"印
姜维群

篆刻家张牧石与张伯驹过从甚密,张伯驹"文革"后期过津门必住于张牧石家。张伯驹喜画梅花,常用一枚"京兆"朱文葫芦形牙章。张牧石解说此印源于汉代"张敞画眉"典故,因张敞曾为京兆尹,暗寓"张"姓。其在梅花上用此印,又有"梅眉"谐音之趣。由此可见,善于诗钟、字谜的张伯驹即便用印亦含谜趣焉。

岭南画派谱系简述

王振德

当今香港艺术中心专设"岭南画派展览厅",专有画家谱系排图表,认为岭南画派始于清末广东番禺人居巢、居廉兄弟,成于其弟子"二高一陈"。同时包括何香凝的绘画艺术。

岭南画派第一代画家"二高一陈",即高剑父(1879—1951)、高奇峰(1889—1933)及陈树人(1884—1948)三人,他们都是居廉弟子,也都是广东番禺人。当年高剑父受到日本画家以西方绘画革新日本画的启示,同时运用孙中山的民主革命思想,提出"折衷中西,融合古今"的艺术口号,与画友陈树人、弟弟高奇峰共举新国画旗帜,开创了色彩艳丽、情调浓郁的岭南画风,时号"岭南三杰"或"二高一陈"。

第二代多为春睡画院及天风楼画家。港台地区以赵少昂卓异杰出。内地有方人定、关山月、黎雄才、杨善深、黄独峰、黄少强等名家。

第三代画家活跃于20世纪80年代之后,以杨之光、陈金章、方楚雄、陈永锵等人为代表。

张寿臣"楼上楼"的现挂

孙福海

相声演员在台上临时抓哏,叫"现挂",单弦演员临时抓哏,叫"现岔"。相声演员反击攻击自己的"现岔",叫"楼上楼"的"现挂"。过去老观众专爱听单弦大王荣剑尘和张寿臣之间的"现挂"。

有一次，荣剑尘唱《翠屏山》，最后他抓"现岔"唱的是："石秀杀嫂潘小云，可惜跑了奸夫一个人。您要问奸夫什么模样？那就是说相声的张寿臣！"台下的观众哈哈大笑。在侧幕条那儿准备上场的张寿臣也乐了，和捧哏的说："他拿我当那个通奸的小和尚了！"

张寿臣一上场大家更乐了，都等着看张寿臣怎么抓"现挂"反击。可张寿臣上场后，没马上接茬儿。而是先跟捧哏的说："有人请我吃饭，我很生气……为什么呢？因为他给我一封请帖，上写'某月某日本人寿辰，敬请光临！'我生气，这个人没文化。谁叫'寿辰'？他父亲的生日才能叫寿辰。他本人只能叫'贱辰'，他应该写'本人贱辰，家父寿辰'才对呀。你说说，他愣不知道儿子叫'剑尘'（贱辰），他爸爸叫'寿臣'（寿辰）！"这个大"包袱儿"，立即获得满堂彩。然后他还接着说："我得教他，我不教他相声，教他唱单弦。"他在台上"包袱儿"不断。

这种技巧和机智应该继承，因为演员经常遇到突发情况，也有观众给搅局的。下篇咱讲"常佩业'现挂'破搅局"。

尺扇俗，九寸雅，土豪偏爱大

姜维群

说起近年折扇收藏真乃渐欲迷人眼，凡拍卖扇子的专场几乎百分百成交。收藏旧扇火，收藏新扇亦年年升温。清代民国旧扇扇骨均九寸或九寸五的固定尺寸，装上扇面拿在手中扇骨大小适中，其扇面角度亦上佳。但近年扇面越来越大，装在一尺或一尺多的扇骨上，简直就是一柄卖西瓜的扇子，且画家亦不愿画。但此类扇极受土豪欢迎，他们的意识是，管他俗雅，尺寸越大越值钱。正所谓——

尺扇俗，九寸雅，土豪偏爱大。你笑你的，我摇我的，老子有钱啦！

李叔同的绘画成就

王振德

李叔同(1880—1942),名文涛,字叔同,号息霜,以法号弘一闻名海内外。其少年时代随徐耀廷、常云庄、赵元礼、唐育垕、孟广慧、严范孙、王吟笙等名贤研习诗文书画及篆印,并初露才华。19岁赴上海避难,加入城南诗社。20岁与朱梦庐等名家组创上海书画公会并出版《书画周报》,从而步入文坛画苑。

1905年李叔同赴日本上野美术专科学校学习,并绘油画、水彩画多幅,发表《图画修得法》《水彩画法略说》等著述。1911年归国任直隶工业学堂图画教师。1912年应聘主编《太平洋报》画报,后赴杭州任浙江两级师范学校图画音乐教师。其15岁画作《八破图》,已具传统笔墨功力;26岁以没骨法画《山茶花》法贯中西;28岁为唐企林画水墨山水;34岁为夏丏尊画《双钩如意图》,堪称现代博古画典范。出家后所画佛像佛塔,用笔简括自然,格调清逸古朴。其擅长绘画的弟子有丰子恺、潘天寿、姜丹书等人。

常佩业"现挂"破搅局

孙福海

东北的相声演员常佩业,有一次担任晚会的主持。演出进行中,突遇观众搅局。他机智地用一个"现挂",保证了晚会的正常进行。

起因是一个女歌手在台上唱《一封家书》。歌词的头一句是:

"亲爱的爸爸妈妈！你们好吗？"当唱到这儿的时候,台下一个观众答应了一声:"哎!"他找便宜,想当演员的爸爸。他这一答应,台下的观众哈哈大笑!都看这位观众。这位观众还挺美,心想:"我是这女歌手的爸爸!"可这位歌手不知怎么处理了。不唱了!心想:往下唱,他还接着答应,唱一句爸爸妈妈他底下答应一句,我受得了吗?台上僵住了!

这时候,就看主持人的本事了。常佩业马上上台,说:"是哪位观众想当爸爸呀?"他先抓了一个"现挂"。然后说:"可能您没当过爸爸,我不知道您家里头有儿有女吗?当爸爸的可得负责任!"台下的观众又是哄堂大笑!他接着说:"当爸爸不容易,您不能随便什么场合都想当爸爸!您不光是对观众负责,也得对演员负责,同时您还得为自个儿负责!希望您当一个好爸爸!"他在台上是一句一个"包袱儿",说得这位观众也不敢抬头了,直说对不起。

这位歌手也缓过神儿来了,演出得以照常进行。

演员在舞台上会遇到各种意想不到的事,下篇咱讲"姜昆'现挂'化尴尬"。

写给王学仲"已出楼""黾园"诗

姜维群

在诗、书、画方面王学仲堪称大家,但在人际周旋上十分苦恼,他说自己既不会应酬,也不善推诿,进退不能,净得罪人了。但他的艺术高峰很难逾越,笔者曾于1987年和2013年写诗,表示崇敬,1987年诗曰:"浮沉丹墨坐书城,楼曰已出听纵横。天后烟弥盈画殿,水西园殁空流莺。宦程兼善途多舛,艺海独舟命岂亨。莫叹春前一粟少,远山大野待君耕。"2013 年和前韵作悼诗曰:"艺海围城谁破城,敢将才艺弄强横。东学西渐融融雨,汉骨欧风恰恰莺。四我轩中我独立,黾园竹下园径亨。指看夕霭遥遥去,广辟桃源来者耕。"

笃学不倦的沈尹默

王振德

沈尹默（1883—1971），名家、君默、尹默，字中，号东阳仲子、匏瓜，斋号秋明室，生于陕西兴安，原籍浙江吴兴。曾两度赴日留学，一度任北京大学校长及多所大学教授。与陈独秀、李大钊、胡适等人主编《新青年》，是新文化运动的主力之一。1929 年兼任直隶教育厅厅长，自此与天津文化艺术结缘。1946 年后定居上海。新中国成立后历任中国文联委员、中央文史馆副馆长、上海文联副主席等职务，逐步成为名扬四海的书法大师、学者和诗人。

沈尹默家学渊源，早年受业于章太炎。12 岁即研习《醴泉铭》《皇甫诞》等碑帖，兼习篆书。15 岁开始为人写扇面，书工四体。25 岁后深入研读《艺舟双楫》等书法理论。31 岁后系统研摹北碑，48 岁后主攻行草，由唐宋法帖上溯二王，贯通己意，终于形成圆润清雅、遒健畅达的书法风格。

沈尹默已出版的著作有《沈尹默行书墨迹》《沈尹默书法集》《沈尹墨诗词集》《书法论》等。

姜昆"现挂"化尴尬

孙福海

在演出中，相声演员遇见不可预料的事情时如何处理，是其经验和基本功是否深厚的具体体现。

有一次，姜昆、戴志成二人在天津塘沽影剧院演出，前面的节目是大型魔术《百鸟朝凤》，魔术师在变出大量的鸟之后谢幕下台。可偏偏有一只鸟没有按规定飞回笼子，检场的工作人员去抓但抓不着，它飞起来后又落到台上，观众跟着哈哈大笑。怎么办呢？演出不能停啊！姜昆说："不能等了，主持人上去报节目吧！你走得快点儿，也许就把鸟吓到后台去啦！"没想到，这招儿不管用，他们二人只能上场了。可是有一只鸟在台上搅和，这相声怎么说呢？而且这只鸟见姜昆他们上来后，还就在他二人头上飞。姜昆看着这只鸟："刚才报幕的说，我们表演的节目是《乐在其中》，还真是乐在其中，您听，它叫得多有乐呀！"他拿这只鸟抓"现挂"。观众在笑声中把注意力集中到姜昆身上，但鸟还在飞，姜昆的"现挂"还没完。他在台上找这只鸟，说："哪去了？今天我特别高兴，有幸能跟一只鸟同台演出。"台下对姜昆的机智报以掌声，这时戴志成捧得也好，说："刚才主持人报表演者报错了，除了姜昆和我，还有这只鸟呢！"这时，这只鸟在笑声和掌声中飞回后台了，他俩开始了《乐在其中》。

"现挂"多种多样，还有一种是主持人调解气氛的临时抓哏。下篇咱讲"孟凡贵调节气氛的'现挂'"。

孙其峰奖掖后学不吝题签题跋

姜维群

若从数量上说，在书画集、展览上题签，孙其峰擢拔第一，几乎是来者不拒。常有书法家画家登门求题签或求题字的，孙其峰可谓有教无类，有求必应。他总是说，有些年轻人的确很用功，功力也不错,一定要用发展的眼光看待。如果按古人的水准,我也不合格。再说我是搞教育的,要鼓励为先,批评在后。正因为如此,孙其峰给别人题签、题跋、题词最多。

无涛松声今犹存

王振德

赵松声,名元涛,字松声,原籍福建,久居津门,是民国年间颇有名气的书画家。

赵松声原在天津电话局任职,1937年七七事变后,他不愿为日伪做事,遂弃职居家,以鬻画授徒为生。日常也不与"大人先生"走动,只在家里搞书画创作。其住所位于法租界滨江道中原公司对面的恒安里,与戏剧家张聊公(镠子)同居一院,二人皆能文善画、豪爽好客,致使小院成为文人画士的雅集之处。陈少梅、穆潜、吴云心等名家常到这里做客。

松声先生画室狭仄,只能当窗设案,所画作品却多为竖幅大画,专供荣宝斋等画店经销。其画作风格盖出自元黄鹤山樵与清王石谷等人,贵能参与己意,故而笔墨苍劲、气象幽深、独有风貌。其作品以山水画居多,尤擅松鹤。偶画人物,能巧借古法而别具心裁。其题画诗文多颂扬高风亮节,寄寓深沉感慨,令读者强烈共鸣。其书法瘦劲峻峭,有黄米书风。

孟凡贵调节气氛的"现挂"

孙福海

孟凡贵"捧逗俱佳"而且主持节目也好。

有一次,负责演出的李金斗发现场上效果不理想,马上问主持人孟凡贵,说:"今儿观众怎么回事,剧场怎么这么严肃呀?"孟凡贵说:"师哥!您不炒股,今儿是黑色星期五,全都跌惨了!"那时候正是全民炒股的时候。

金斗说:"不行!你得把气氛调上来。"

孟凡贵上场了,说:"今天我知道大家的心情,各位可能有炒股的吧?您别提了,李金斗也炒股。要说炒股的人,心态得好吧,我这师哥就不行。他儿子刚大学毕业,回家了,进门一喊'爹',金斗急了,问他儿子:'谁叫你喊爹(跌)?'他儿子回答:'哟,我不喊爹喊您什么?''你得喊长辈(涨倍),让它长(涨),多好,我炒股了,你千万别喊爹(跌)!'您看,为了炒股连他爹他都不让喊了。我一看得劝劝,就说:'哥……'我刚说完这句他就问我:'你让谁割(哥)呀?还割(哥)呢,我有多少肉值得你割(哥)?要是再割(哥),我就赔光了!'我说:'我不喊您哥,那喊什么呢?''你得喊兄长(凶涨),凶涨(兄长),凶着往上涨,多好!'呵!您看看这年头,要是邮递员去他们家,都得让他轰出来,一身绿啊!我看他今天非得去消防队不可!"

"现挂"有着多种类型,有的不一定是大"包袱儿",但效果很好。下篇咱讲"侯宝林给毛主席演出的'现挂'"。

余明善画竹众画家称妙

姜维群

余明善的书法被龚望称为津门第一大手笔,其魏碑、章草之功力有口皆碑。其画竹却少有人知。他的画竹宗元人,完全书家笔意。孙其峰看了说,余先生的竹最适于教学,无一笔不到位。王学仲说非画家所能比。慕凌飞说,一看就是元人笔意,太有功夫了。李鹤年曾题字赞云:"意比文同。"余明善讲,画竹也是让书法笔意灵动的一个途径。

津派国画的旗帜刘奎龄

王振德

刘奎龄(1885—1967)以新颖精妙的画风独步天下,为津派国画的大旗增光添色。生前系天津市文史研究馆馆员、天津美术家协会副主席、天津国画研究会副会长。

刘奎龄生于富豪"土城刘家",幼年入读私塾,及长接受敬业中学的新式教育。21岁时任小学图画教师及《醒世画报》《新心画报》画师。35岁后以售画为生。

刘奎龄诗词书画皆有造诣。其少年时曾请教张兆祥、马家桐等人,与刘子久、陈少梅、陈莘农等津沽同辈名家多有交往,对五代宋元以来画家,特别是对吕纪、恽南田、沈铨、蒋廷锡、郎世宁等明清工笔画家的研究甚深,并能融合中西画法,贯通时代精神,开创精丽文雅的独特风格。其花鸟画以孔雀牡丹最为突出;其走兽家畜画在古今画坛独领风骚;其人物故事和神仙传说画,融入现代人物形态和边塞生活,充满时代精神。现有三卷巨帙精装画集行世。

侯宝林给毛主席演出的"现挂"

孙福海

毛主席特别喜欢听侯宝林的相声。1974年,毛主席亲自提名他为第四届全国人民代表大会代表。就是在那年,侯宝林给在湖南养病的毛主席录了12段传统相声的音像节目,因为在这之前,只有录音无录像。这12段录像成了相声界的宝贵财富。

在"文革"之前，他曾给毛主席演出过一百多次。有一次他给毛主席演《杂学唱》，捧哏的是郭全宝。其中，侯宝林有句词，是"我研究戏曲，研究了六十多年"。郭全宝说："研究六十多年……您今年多大？""我今年五十多。"

"五十多——您研究戏曲研究了60年？您说的有矛盾嘛！"

没想到郭全宝说了一句"有矛盾"的词。这时侯宝林就抓了一个"现挂"："矛盾呐？当然它有矛盾啦！矛盾是处处都存在的，没有矛盾就没有发展，一个矛盾解决了，新的矛盾又会出现，只有在解决矛盾的过程当中事物才能够发展，对立统一就是我们的矛盾论！"那时人们还未提倡背毛主席语录，侯宝林能临时把主席《矛盾论》里的观点说出来，太不容易了。毛主席会心地在台下哈哈大笑，周恩来总理在毛主席后面坐着，也笑着拍了拍毛主席的肩膀，立刻便是满堂的掌声。

周总理也喜欢相声，而且还帮助改相声。下篇咱讲"周总理为常宝华改相声"。

"虎翁"慕凌飞曾画牛

姜维群

慕凌飞是为数不多拜张善孖、张大千昆仲为师的人，后以画虎知名于国内外，被人称为"虎翁"。有一年正值牛年，笔者请他画牛，他说一生画虎无数，什么上山虎、下山虎、溪边虎、松林虎，而牛很少画。于是画了一只待耕的牛。春光盎然的景色中，老牛步履矫健，那袅袅的柳条、和煦的春风，观之让人心旷神怡，不愧是大师之作矣。

和蔼可亲的靳石庵

王振德

笔者 8 岁时随父母从宝坻移居市内河北区宙纬路四马路四维里,恰与宙纬路博物馆相邻,故常去大院玩耍,先是看馆内陈列的巨鲸骨骼标本,后来转变为看望负责馆务的靳大爷。

靳大爷待人和善,且博学多才。他不仅能背诵古文古诗,而且能书擅画,还能照着镜子为自己刻肖形印。直到 1954 年笔者考入初中,才从美术老师惠夷之先生那里弄清了靳大爷的底细,原来靳大爷就是书画名家靳石庵。

靳石庵(1889—1956),名宝砚,字石庵,河北蠡县人。早年师从齐白石、陈半丁等人,后上溯明清诸家,工笔、写意兼擅。20 世纪 30 年代在河北省立天津第一师范学校任教,著名画家高镜明、白辛甫、惠夷之等人均出其门下。著有《石庵画语》传世。其创作的《岁朝图》题云:"书画有名于当世而后世泯灭无闻者,亦有不称道于当时而后世反名声煊赫者,吾知所勉夫。"由此可以想见靳石庵高雅淡泊的艺术情怀。

周总理为常宝华改相声

孙福海

1959 年,在全国最轰动的一段相声叫《昨天》,这段相声有周总理的心血。

作品的内容是:旧社会一位农民进城,借高利贷买了辆洋车。被人一顿毒打,精神上出了问题,新中国成立后住了十年医院。最后他从医院里出来时，把自己以前的经历都当成了昨天的事。作品以此来歌颂北京日新月异的变化。

创作出这个节目以后，常宝华就应邀到中南海演出。周总理听完以后哈哈大笑，然后谦虚地说："宝华同志，这个相声非常好。但是我给你提一点意见好吗？"

常宝华说："这太好了！您尽管提。"

"这个洋车丢了以后呀，你们还不能不管。你们得把底改成这个农民找洋车！"

周总理这句话太高明了，常宝华茅塞顿开。后来这个相声的底就按总理的意见改成："这个老农民在商场一听到广播，赶紧就跑。广播放了什么呢？原来是失物招领。他说：'哎呀！我得赶紧找我那洋车去！'"这个底，是画龙点睛之笔，不但前后呼应，而且还是个大"包袱儿"。在业内有这样一句话，叫"三分作品七分底"，底是相声的魂，而这个底就是周总理帮助改编的。

老一辈革命家对相声的发展功不可没，下篇咱讲"陈毅帮说相声的穿大褂"。

刘止庸山水画山水诗被"鱼"掩

姜维群

刘止庸画鱼在 20 世纪八九十年代名噪国内外，至今许多人认为他是专画鱼的。刘止庸毕业于北平艺专，曾聆教于齐白石、王森然、李苦禅多位大师。他自己曾无奈地说，我画山水比鱼好呀。此言不虚，刘止庸的山水画笔墨淋漓、造型不俗，确有自家风骨。四川峨眉山是他家乡，他几乎游遍、画遍，并写了不少的山水诗。可惜被自己腕底灵动逸美的"鱼名"所掩。

章草大家郑诵先

王振德

郑诵先(1892—1976),名世芬,字诵先,四川富顺人。1934年移居天津,新中国成立前后移居北京缸瓦胡同、月坛等处,1976年避地震去浙江,逝于金华。他以人品、学识、书法享誉海内外。有《怎样学习书法》《中国书法源流浅释》传世。

郑诵先出身于书香门第,幼承家学,读经学史,诵诗习字,少年时期已具学者气象。18岁入广东育英中学读书。辛亥革命后入上海震旦学院文科学习。1914年后在王秉恩书房饱读经史子集及诗词歌赋,成为文史诗书的通才。

郑诵先自幼研习书法,通晓北碑南帖,兼擅真草隶篆,精于鉴赏法书名画。居津15年,与王襄、王钊、陈去诰、章士钊、陈少海等学者书家切磋研讨,学识及书艺更有大成。其晚年专写章草,兼取两汉名碑风骨,巧用《爨龙颜碑》《爨宝子碑》等碑的笔意,用古帖意象化为自家法度,铸就酣畅古雅、苍劲雄强、气势宏大的章草风格,在现代书坛独树一帜。

陈毅帮说相声的穿大褂

孙福海

大家都知道,大褂是相声演员的基本演出服。尤其是表演传统节目时,相声演员都是穿大褂。大褂能延续到现在,其中有着一段鲜为人知的故事。

在20世纪60年代初,一位文化部门的领导在一次会议上大批特批相声演员在台上穿大褂，说："你们相声演员太落伍了，上台穿大褂很陈旧，跟不上时代。你们也不看看，现在马路上还有穿大褂的吗？必须改。"

马季所在的中央广播说唱团是新文艺团体，上面要求带头改。可是相声演员不愿意，因为表演传统节目时需要大褂做道具，穿西服、中山服等都不合适。但领导的指示就是命令，不改就是思想落后。

有一天，马季和于世猷到中南海去演出，穿上改良的衣服表演传统节目。下场后，马季正碰见从剧场出来的陈毅，马上迎过去，问："陈老总，我们表演得行吗？"陈老总说："很好！""我们这改良的服装呢？"陈老总快言快语："不好！不如穿长衫！"北方管长衫叫大褂。马季紧跟着说："您的意见我回去能传达吗？"陈老总多聪明，一听就知道话中有话。马上把总理喊过来，说："我认为他们表演还应穿长衫。"总理说："我同意陈老总的意见，说相声穿长衫还有利于把我们的民族服装传承下去嘛！"就这样才保留了大褂。

演员应该有智慧，下篇咱讲"视'包袱儿'为生命的白全福"。

王佩翔工笔小品情趣画可人

姜维群

王佩翔多年坚守工笔花鸟，即使年近古稀依然一笔不苟，决不兼工带写。他多年保有两个特点，一是坚持小品，画幅皆不大；二是坚持情趣。他的花鸟小品虽然也是花草树木、虫鸟狗猫，但组合起来就草木含情,禽畜生趣。如猫,他配上小窗、融入青花瓷,画面立刻有了盎然生机、天然情趣。古人没有,今人也没有,可谓画有天趣亦可人。

捍卫中国画特色的潘天寿

王振德

20世纪绘画思潮活跃,有人要搞中西结合,有人要用西洋画改造中国画,中央美院一度把中国画系都取消了。潘天寿则一贯主张"中国绘画应该有自己独特的民族风格,中国绘画如果画得同西洋画差不多,实无异于中国画的自我取消"。因此,他主张中西绘画在彼此学习的同时,应拉开彼此距离,保持彼此固有的民族文化特色。他还主张将中国画教学分为人物、山水、花鸟三科。他在"文革"中含冤辞世,但至死也没有改变坚守中国画特色的观点。

潘天寿(1879—1971),名天授,字大颐,号阿寿、寿者、懒道人、雷婆头峰寿者等,浙江宁海人。早年受教于李叔同、吴昌硕等高师。历任上海美专教授、浙江美院院长、全国美协副主席等职,有《潘天寿书画集》《中国绘画史》《听天阁诗存》《听天阁画谈随笔》等著作。

潘天寿诗文书画印皆造诣高深。其国画题材丰富,形象雄怪,章法奇险,笔墨沉稳苍古。

视"包袱儿"为生命的白全福

孙福海

白全福有一句话:"宁让金山,不丢包袱儿。"在20世纪80年代,天津市曲艺团实行经济承包制,出门演出时,白全福每天"包袱儿"不断,大家乐不思蜀。有一次他还靠大智若愚的"砸挂"

化解了一场纷争！

剧团承包，剧场也多挣多分。票款剧团拿70%，剧场拿30%。当时是杜国芝负责和剧场对账，一千多个座位，天天满座，可剧场只按八百多张票结账，杜国芝急了！说："你们这个票款不对！有'吃票'之嫌！"双方吵起来了！有人赶紧去告诉白老师，说："快！前台吵起来了！""哦！我去看看！"白全福到那儿一听就明白了。他笑着跟剧场经理说："是满座吗？"经理说："是！""这好办，您就按这个算账就行了！"他拿出一张这个剧场的座位图！他久跑江湖，每到一个剧场都会要一张座位图。这下经理下不来台了，说："满座了，也不能按座位图分账！""为什么呢？""我们有招待票！"国芝说："发招待票你得说一声呀！也不能发这么多！""在这儿演出，就得按这儿的规矩办！"争吵白热化啦！怎么办呢？就见白老师笑着拍了拍剧场经理的肩膀，说了一句话："小子！还有第二次'文化大革命'了！"说完扭头就走，这剧场经理"扑哧"乐啦！今后不搞运动了，哪还有"文化大革命"啊？看这个老头憨态可掬的认真劲儿，可乐！但这话里有话！他马上把会计喊过来，说："你们再好好算算！"这个"砸挂"把问题化解了！

"砸挂"的方式有多种多样，在"文革"中，侯宝林用"犯犬"式的"砸挂"能保护自己。下篇咱讲"侯宝林'犯犬'自保"。

藏书家周叔弢看书"程序"多

姜维群

大藏书家周叔弢藏书在京津久负盛名，其从年轻时就爱书成癖,看书、读书已经成为他的日常功课。但他看书的"程序"颇多:有固定的桌子,先用洗得特白一尘不染的"汤布"把本来很干净的桌子再仔细擦拭,然后把绿毯子铺在上面,把书捧出来,从来不用手直接翻书页,而是用竹签子小心翼翼地翻书。爱书惜书之心由此可窥一斑。

巧笔淡墨宁斧成

王振德

宁斧成（1897—1966），字宗侯，号静庐，别署腐成、老腐、老宁、老斧、宁二等。斋名宁静庐、淡墨斋、半瓶斋、二百伍石印印斋等。辽宁海城人。早年从邱子佩、袁子春学画，毕业于沈阳师范学校。20世纪30至40年代末在天津铁路局工作，兼以金石书画谋生。新中国成立前后迁居北京鼓楼旁边的国祥胡同，以书法名世。

宁斧成自少年时代便立志攻习书画篆刻，青年时代便以治印和书画为津门民众称誉。其隶书从《张迁碑》《爨龙颜碑》《爨宝子碑》入手，取陈鸿寿、赵之谦诸家之长，形成古朴俏劲、别致疏朗的宁氏书风。中年以后，更以丰富的学识和巧妙的构思，用陈鸿寿式的隶书变化《礼器碑》的用笔，行笔有断有连，有粗有细，加上淡墨书写时的自然空白或变幻，在现代书坛独成宁体。其篆刻也自具空灵古朴特色。

宁斧成擅长指画，诗书合璧，风采独具。其书法和篆印作品较多，有《宁斧成印谱》行世。

侯宝林"犯犬"自保

孙福海

"犯犬"是相声界的行话。意思像天津人讲的"犯狗"，但"犯狗"是贬义，"犯犬"是褒义。在"文革"一开始，侯宝林就知道揪"反动权威"自己跑不了。那天，一听"造反派"在院外头喊，他就主动站在门口了,然后凹胸、溜肩、弯腰,等着让人揪。这时候"造反派"就奔那些个不含糊、总想反抗的人去了!他就没挨打!而且他自己在家里糊了一顶长帽子,上写:"打倒侯宝林!"第二天斗完了放到自家桌上,孩子们要动,他说:"不能动!这是我的道具。"批斗时,他自己把帽子戴上,"造反派"说:"坦白从宽、抗拒从严!你老实交代!"侯宝林说:"我交代,我有罪!""什么罪?""我想发动第三次世界大战!"连"造反派"都乐了,说:"不对!""我有罪!""什么罪?""朝鲜战争是我发动的,邢台地震也是我搞的!"

他跟"造反派"不断地"犯犬",斗不下去呀!台上台下都乐得肚子疼。最后把他下放到河南淮阳五七干校。这个地方非常残酷,刘宝瑞就死在了这儿。但侯宝林的心态比别人都好,当时同去干校的还有曲艺理论家薛宝琨,当需要理发时,他就找薛宝琨,说:"我这个和尚就由你剃度了。"剃完了说:"你头剃得不错,但你不能揽女活儿。"薛宝琨问:"为什么?"他说:"别人剃头都是扶着脑袋,你剃头搂着抱着,这谁受得了呀!"他还"砸挂"呢!

"文革"时,相声演员用"犯犬"的方式"砸挂",也是不忍受辱的一种发泄。下篇咱讲"李伯祥'犯犬'维护自尊"。

安家大院对联藏"人地河"名

姜维群

杨柳青安家大院迎门金地红字抱柱联颇有情趣,联语为:

群水淼淼,江洋湖泊海河碧;

维木森森,松柏梧桐杨柳青。

此联有水名"海河",有地名"杨柳青",还有撰写此联笔者名"维群"。此联由津门大书法家赵伯光书写,用楷书原大写成,上联含有 13 水,下联含有 13 木,字字挺括,笔笔鲜活,由戴东涛刻字,已成为游客乐读乐记之名联。

书法巨擘吴玉如

王振德

吴玉如(1898—1982),名家球,字玉如,号茂林居士,别署迂叟,安徽泾县人。生于南京,长期定居天津。早年就读于南开中学,肄业于北京朝阳大学。先后任南开大学讲师、津沽大学中文系主任。新中国成立后被聘为天津文史馆馆员,为中华书局、商务印书馆校勘古籍,并为《辞海》《辞源》编撰词条。他精通文字学、音韵学、古体诗文,研习过百余种法帖和名碑墓志,这是使他成为学者、诗人与书法大师的基石。

吴玉如30岁前后,已集晋唐法帖名碑及宋元诸家为一体,经过融会贯通,形成了自己清秀、隽雅的行楷风格。中年之后,主攻行楷,以北碑篆隶增之以淳厚古雅。并得李北海之风骨,取《散氏盘》之森严,融《张迁碑》之朴茂,化《史晨碑》之婉转,结合学识胆魄,成就了誉满海内外的吴体书法,与沈尹默并称为"南沈北吴"。其晚年书法由严谨雄劲变为自然灵动、随心所欲,在有意无意间常有惊人之笔。

李伯祥"犯犬"维护自尊

孙福海

"文革"开始后,李伯祥从合肥回到天津,在河东区排水队当了一名排水工。时任河东区文化馆的毛馆长是内行,也爱惜人才,便找到李伯祥,说:"你得为咱河东的群众文化服务。"李伯祥说:"现在不让说相声了。"毛馆长说:"我懂,凡幼小学说相声的都会唱快板,相声不让说了,你唱快板。"李伯祥很高兴,但按照约定到了剧场准备演出时,心中有些不悦。

因李伯祥在20世纪50年代末就离开了天津,有一位工作人员不了解他,把他喊过来,说:"你演什么段子?以前唱过吗?"语气像嘱咐小孩儿。本来李伯祥就对自身处境很压抑了,便耐着性子说:"我唱《三打白骨精》,头一回唱。""噢!那我得给你讲讲,今天观众多,上台别害怕。"李伯祥更不痛快了,说:"我这两腿有点儿哆嗦。""别紧张,我给你讲讲,上台先鞠躬。"然后一指台上的话筒,说:"知道舞台中间立的是什么吗?""水管子?"李伯祥开始"犯犬"。"你通下水道成职业了?那是话筒!""噢!我鞠躬以后把它拿开?""不对!你根据身高把它调好。唱完了,观众鼓掌怎么办?""那我赶紧跑!"旁边的人乐得都直不起腰了,赶紧拉来毛馆长,这时俩人还在对话呢。"台下鼓掌是让你再唱一段。""噢!我再从头唱一遍!"毛馆长拦住那位说:"打住!你辅导他?他6岁登台,1944年就有'小神童'的美誉!他'攒底'时还没你呢?!"大伙儿哈哈大笑。

"文革"时,相声界尽是哏儿事儿,有一次杨少华在台上把自己给毙了。下篇咱讲"杨少华毙自己"。

赵伯光斋名别号皆人格写照

姜维群

赵伯光,别号一禾,斋号为甘草精舍。其为人谦和,不争名利,默默奉献。20世纪80年代末90年代初,他参与蓟县黄崖关等文化景观筹建设计工作,如百将碑林、长城碑林、毛泽东诗词墨迹碑林以及百福屏、百书屏等。这些都有一个把墨迹"放样"到石竹木上的过程,然后才能施刀雕刻。赵伯光为这些墨迹放大或调整章法。他说,本人就是愿做一棵小草(一禾),愿做甘草一样的药材,虽然治不了大病,但能和百药。

书画教育家胡定九

王振德

胡定九(1898—1980),名卜年,谱名懋宽,字定九,自号佑青、晚红、定道人等。出身书香门第,自幼酷好翰墨。毕业于直隶第一师范。先后在普育女学、市立师范学校、天津三中等校任教,另有登门入室求教者甚众,皆能倾囊相授、教书育人,历届弟子著名者有龚望、郭绍刚、王双启、单体乾、赵则予、刘炳森、刘肃然、孙克、张仁芝、张秀江、刘学询、于复千、范润华等。

胡先生系津派第二代画家,承续津画文脉,与徐子明、曹恕伯等名家皆有师友之谊。他同时吸纳古今画家之长,平日坚持写生,注重抒写个人思想情趣。所画人物、山水、花鸟、畜兽、鱼虫均有创意。其书法、篆刻学古求新,也有相当成就。平日笃学好思,对唐孙过庭《书谱》深有研究,撰写"《书谱》十举"近万言。

胡先生传世著作及画册有《胡定九书画篆刻集》《学画要论》《书法杂钞》等。

杨少华毙自己

孙福海

"文革"时,天津市曲艺团与杂技团合并,相声演员都不让上场了,马三立、苏文茂被轰到乡下。常宝霆只能拉大幕,那时候布景景片没有电动的,特别沉,常宝霆身体不好,体重也轻,换景时,拉着拉着景片把他吊上去了,他赶紧喊:"快!来几个人拽我腿。"

表现好点儿的，可以在台上演匪兵甲、鬼子乙等没名没姓的反面人物。像张志宽，一晚上在台上得死四回，上了台枪一响躺那儿了，到后台再换一身衣服，一晚上挨四回枪。

当时在南开区曲艺团的杨少华也演反面人物，但他不甘心一上台马上让人毙了。怎么办呢？他得在台上多亮亮相，举起手枪一抡胳膊，左扫一枪，右扫一枪，"玩儿票儿"。别人还表扬他："你们看看杨少华，虽然是不足两分钟的反面人物，可在台上有戏。"得到表扬后，他更高兴啦！没想到那天出事了，当时在后台负责枪响效果的是唱京东大鼓的刘少斌。他挺能耐，配音效摔"砸炮"时，他还多准备了两把"砸炮枪"，排一溜儿，心想万一哪个哑了，咱这儿有备份儿。这时杨少华上场了，左甩一枪，右甩一枪，戏足，没想到甩第三枪时，没有响，"砸炮"哑了。他急中生智，在台上看看枪，意思是琢磨琢磨这个枪为什么没响？后台配效果的也慌了，赶紧配第三枪，这时杨少华闭着一只眼冲着枪口正看呢。"梆！"响了！他冲后台喊："有这么走火的吗？"观众都乐趴下了。

还有一次，田立禾在台上耍斧子，把任鸣启给劈了。下篇咱讲"田立禾斧劈任鸣启"。

王明九以书法百体推广书法

姜维群

书法家王明九晚年致力于书法的研究和推广工作，以自身雄厚的书法功底出版了大量的书法专著，如《唐诗百首·书法百种》《王明九书古诗文百篇》，都是用百种书体临写示范，同时还编就《草书汇编》《章草汇编》两部书法工具书,此外还有一批书法普及读物。为书法的研究传承以及普及推广身体力行,率先垂范。

长白布衣颜伯龙

王振德

颜伯龙(1898—1954),名云霖,字伯龙,号长白布衣,斋名椿草堂。吉林满族旗人。生于北京,自幼文静好学。及考入北平艺术专科学校,从师陈师曾、姚华、贺履之、谢惠庭等人。毕业后被聘为北平艺专讲师、中国画学研究会评议等职。其人物、山水、花鸟、畜兽、书法、诗文俱擅,雅俗共赏,遂名扬海内外。

由于孙洪伊、张学良、温世霖、杨以德等津沽人士的赏识,颜伯龙中年以后主攻花鸟,在汲取张兆祥、马家桐等津派名家营养的同时,下溯钱选、陈琳、王渊、边景昭、吕纪、恽南田、华新罗、沈铨、邹一桂等历代花鸟大家,研究并取法华新罗画法尤多,结合室外写生感悟,独辟兼工带写、形神毕肖、清秀温润的花鸟画风,世称"颜派花鸟"。

20世纪30年代应杨以德之邀,颜伯龙移居天津北辰宜兴埠,一度专为杨以德作画。其女儿颜家瑞也随居北辰,并得到颜派花鸟嫡传。

田立禾斧劈任鸣启

孙福海

在"文革"期间,南开区曲艺团排演了一场话剧叫《槐树庄》,这是一个反映阶级斗争的戏。戏中的地主要报复农民,演地主的是田立禾,演老农民的是任鸣启。老观众都知道田立禾和任鸣启是"黄金搭档"。很可惜,任鸣启于1988年故去了。当时观众们都喜欢他俩的相声。相声不让说了,这俩人演话剧,大家觉得腻儿,也都去看。

田立禾在台上拿着一把斧子,是木头做的。为了逼真,把斧子修得锃光瓦亮,再涂上颜色,也非常快。演员都好强!田立禾跟任鸣启在台上还要有一段武打,这说相声的没练过呀?但他们坚持要打。在台下练了几回,到台上就真打起来了。田立禾手里头拿着斧子,冲这个老农民就砍过去了!老农民一闪身,没砍着。嚯!田立禾挺精神,一个翻身又跳过去,又想抓这个老农民!老农民一侧身,只听"当"的一声,坏了!真砍上任鸣启了!后台的演员也乱了,老地主真把任鸣启撂台上了!

任鸣启捂着脑袋在台上躺着,台下有一位观众说话了:"装嘛?没事!那斧子是假的!"任鸣启一摸脑袋,冲着这位观众说:"嘛玩意儿?假的?我这都流血了!"他还抓了一个"现挂"!台下的观众这个乐呀!说:"今儿没白来,看的就是这个'现挂',值!"他们认为这个"现挂"比看戏都过瘾!

在"文革"中,也有许多令人敬佩的事,像给马三立捧哏的张庆森,就曾智救同仁。现在许多人也不知他为什么不与马三立合作了。下篇咱讲"张庆森智救顾海荃"。

天津文人字各有千秋

姜维群

天津文人不少,能书法的不是很多。在书法上有建树能与书家比肩的当属方纪,其晚年右体偏废,左手写字,尤见古拙劲朗丰神。孙犁虽不工书,但研究过书法,加上其文思过人、见解异众,其信札章法随意,信手处多见天籁。新闻人吴云心书画俱佳,乃画家中之书家。冯骥才师从严六符,书法绘画皆从轨范中来,其书法重视开张之劲遒,彰显转磔之力度,也有一番自家气象。诗词大家寇梦碧写一手苏字,颇具丰神。

霜红楼主徐燕孙

王振德

徐燕孙(1899—1961),名操,号霜红楼主、主秋生,斋号霜红楼、寒水堂、植秀轩、芳华楼、归燕楼等,河北深县人。家学渊源,及长从师管念慈、俞涤凡、金北楼等人,并精研古法,博采新知,自立门户,且参加中国画家研究会,在京华美专任教。新中国成立后任中国美协创作组中国画组长、北京中国画院副院长等职。

徐燕孙是中国人物画坛中大百科式的全才和通才,工笔人物、写意人物都画得精妙绝伦,人物衣冠及配置器物景臻皆考证有据,设色古雅鲜活,形象生动美妙。其画技娴熟,对客挥毫,各种人物顷刻间便跃然纸上,多次令张大千等顶极画家们自愧不如,叹其为"天纵奇才"。

徐燕孙一生致力于弘扬国学国画,是不屈不挠地捍卫中华文化的勇士。他于1947年题仕女扇面画云:"以古法写新意,时士每加非笑。而醉心外族文明者,更昧本横议,妄肆谢言,侈谈创作有志之士得毋痛心邪。"

张庆森智救顾海茎

孙福海

张庆森从1948年到1958年给马三立捧哏,十年中合作的段子有《买猴》《开会迷》等轰动一时的新节目及诸多传统节目。那么,他为什么不给马三立捧哏了呢？原因是1958年马三立因演《买猴》被打成了"右派"，张庆森为马三立抱打不平，怒火攻心导致双目失明，从此告别了舞台。

"文革"中张庆森又被下放到农村。有一天，南方来了一伙儿搞外调的，调查南方的相声大家顾海荃。他们要求张庆森说顾海荃伪造烈士遗孤身份，是现行反革命。

张庆森把自己的徒弟杜国芝喊到了身边，让杜国芝代笔，说："我怎么说你就怎么写！"随后他把此事的来龙去脉讲了一遍：

在20世纪30年代，张庆森到山东肥城演出，合租一间屋的是一位地下共产党员姓顾，和他感情相当好，有一天姓顾的说："张先生，我是共产党！现在敌人要抓我。""哎哟！那您赶紧跑呀！""我估计是跑不成了，但有一事相求。我把儿子委托给你，拜你为师。你把他培养成人！"张庆森说："我代拉他为师弟。"第二天，这个姓顾的就让国民党抓走，后来牺牲了。张庆森冒着生命危险带着顾海荃逃离了肥城。顾海荃后来成了南方的著名相声大家。他让杜国芝写了上述材料后，又不怕恐吓地怒斥来外调的"造反派"。这铮铮铁骨是相声界的骄傲，许多人都敬佩他。

具备这样机智和胆量的还有魏文华，她12岁那年冒死救了两位女艺人。下篇咱讲"魏文华冒死救同仁"。

龚望给儿子算盘上写"算铭"

姜维群

砚铭、笔铭在传世的文玩中并不少见，但在算盘上作铭文的不多。龚望曾给其三子龚绳写"算铭"。原来龚绳上小学时嫌

13 档算盘太宽放不进书包,于是自己动手改为 10 档,又做了个木盒装起来,龚望看后很高兴,于是在盒盖上题字:"外似浑然,内实布算。为人若此,是谓天厌。1959 年乃父为铭以示戒。"龚望曾对笔者说过这样的话:"人啊别太算计,到头来老天爷给你拨拉走一个子儿,一辈子白忙活。"正所谓"为人若此,是谓天厌"。

书画相参的王颂余

王振德

王颂余(1919—2005),名为,又名文绪,字颂余,号易简楼主。世居天津,系中国书协会员、天津书协副主席、中国美协会员、天津美协顾问。历任天津美术学院教授、硕士生导师、天津市人民代表大会常委等职务,与孙其峰、溥佐、萧朗、王学仲、孙克纲、穆仲芹、赵松涛并称"津门八家",是道德、诗文、书画俱佳的艺术大家。

王颂余幼承家学,15 岁拜张君寿、李实君为师,25 岁从溥修学书法与佛学,同时与章太炎、闻一多、裴学海学国学。20 世纪 40 年代任教于津沽大学、南开大学分校。1957 年后执教于河北美术师院(今天津美院)。

王颂余在书画教学中开创了"临古—写生—创作—立品"的山水画教学体系,坚持"以书入书"的笔墨传统,以北方山水为主要题材,追求"重、拙、大"的艺术效果和"质健为妍"的书画风格。其行书注重传统功力、学识修养、结体变幻和整体气势,人称"颂体行书"。

魏文华冒死救同仁

孙福海

魏文华 1937 年出生,母亲魏墨香是时调艺人,父亲魏雅山弹三弦,因生活所迫,她 6 岁便随父母卖艺。1947 年,因在天津难以维持全家生计,便和父母、舅姥爷及小自己 3 岁的弟弟魏文亮闯关东卖艺。在锦州,为了能填饱肚子,魏文华还在母亲休息时,随双目失明的父亲到妓院去卖唱。她聪明、嘴甜、懂规矩,每敲一个屋门都要喊妓女为"妈妈"。

"妈妈!闺女还没吃饭,让我伺候您一段儿吧?"妓女也是穷人,看她领个"瞎爹"可怜,便常照顾她。但也有挨欺侮的时候。有一次她领着父亲在妓院卖唱,竟让流氓把三弦的鼓皮砸漏了。她和父亲跪地求情,妓女们同情她,给她凑钱修弦子。有一位老太太看她们深谙卖艺门道,便对魏文华的父亲魏雅山说:"我的两个闺女,一个16岁,一个18岁,麻烦你带着这两个孩子一起卖唱吧。"魏雅山说:"我一个瞎子,带一个12岁的闺女已经够为难的了,照顾不过来呀!"老太太说:"现在锦州打仗,我家吃不上饭了。"魏雅山出于义气,说:"不能去妓院!我领她俩串旅馆吧!"当晚,魏文华搀着老爹,两个姑娘就跟着去串旅馆。没想到,给一个国民党伤兵唱完以后,这个伤兵起了歹念。魏雅山跪下求饶,三个孩子全哭着跪下了。可就是不行!魏文华一看便跑出去找旅馆老板,哭着把经过说完后,便以死相逼:"您要不去救人,我就死在这儿。"老板怕出人命,急忙过来解救,两个姑娘才免遭毒手。事后这个老板说:"这个闺女(魏文华)性格太刚烈了,让人佩服!"

相声界许多人都只做不讲,下篇咱讲"李金斗与《江湖丛谈》"。

刘毅刻制石质文房创意多

姜维群

刘毅刻石从制钮开始,从传统的石兽、螭虎入手,此后利用石头的俏色巧施妙手，常有出神入化之妙。从 2010 年起，其开始在案头文房上着眼着力，如印盒 + 套印，即在印盒中不仅能放置印泥，还能放置印章，印盒的图案雕刻配上印钮的雕刻，妙趣横生。此外墨床、笔舐、水盂都有精美的雕技和让人称奇的创意，开拓了石雕的题材和门类。

老当益壮的梁邦楚

王振德

梁邦楚（1913—1996），生于江西南昌，幼入私塾，及长有志于书画，17岁考入江西省立一中艺术科，得到傅抱石亲传。1931年考入南京中央大学艺术系国画科，得到吕凤子、张书旗诸名师传授，毕业后留校任教，专教写意花鸟。以檀画《水畔鹭鸶》闻名遐迩。

20世纪60年代，梁邦楚调入河北美术师院（今天津美院）绘画系任教，为天津书画发展做出了贡献。他带领学生外出写生或临习古画，皆不辞劳苦，率先垂范，诲人不倦，深受师生爱戴。所画阔笔水墨意笔花鸟，以鹭鸶、鱼鹰、苍鹰、八哥和苇竹、芭蕉等题材居多，皆用笔豪纵，水墨淋漓，自成酣畅雄放一格。

梁邦楚晚年归居南昌故里，仍笔耕墨耘，老当益壮，被选为江西省美协副主席。其创作丰硕，画技更加炉火纯青，使人感到他的每幅画都充满生活活力，散发出浓烈的生活气息。曾到京津赣宁等地举办画展，极受观众好评。

李金斗与《江湖丛谈》

孙福海

连阔如所著《江湖丛谈》，被业内誉为"奇书"。可您知道此书在"文革"后是怎么被发现、又是如何出版的吗？

李金斗是著名评书、西河大鼓前辈马连登的义子，马连登对他疼爱有加。马连登在晚年时，把自己演出用的"醒木"、一顶"压发帽"和一本书送给了李金斗。并说:"我之所以送你这部书,是因为你做人太实,江湖之中一些骗术也应明白。这部书的作者将江湖骗术揭露得体无完肤,在1938年出版后,'黑道'人物一直寻找化名'云游客'的作者进行追杀,这个作者就是评书大家连阔如。他为了逃避追杀,拜了武林高手'醉鬼张三'为师。很可惜,连阔如1958年被错划为'右派','文革'中又受到冲击,于1971年病故。此书现为世上难见之物。"

李金斗获得奇书后,曲艺理论家王决建议,送中国曲艺出版社再版。当时编辑部提出:"谁能证明'云游客'是连阔如?"因为当初作者为保护自己,在书中还以第三者身份描述了连阔如。此时马连登也故去了,需找3位20世纪30年代的知情人,怎么办?除了王决还有谁知道呢?李金斗听说陈涌泉的父亲陈子贞和连阔如是把兄弟,便请自己的师父赵振铎出面找陈涌泉和自己的师爷王长友出证,才使该书于1988年2月收入"中国曲艺研究资料丛书",正式出版。

我对金斗说:"此书现在发行量巨大。"他说:"对!许多公安局的同志都找我要书,我请连丽如老师签上名送给他们,为破案提供了很多帮助。"然后他"砸挂"说:"咱也保密,否则江湖骗子们也得恨我!"

相声界讲义气的事很多,下篇咱讲"马三立'砸挂'解难题"。

王少杰刻铜扇骨惊艳当今

姜维群

刻铜国手王少杰以刻制铜印独步天下,其刻治的《心经》及

《三十六计》套印,字字精到、印印精美,颇得美誉。为发扬铜刻艺术,王少杰将名家扇骨摹刻在铜扇骨上,使这一濒临灭绝的铜刻艺术得以发展。据记载,明代严嵩就曾做过铜扇骨,清代有铜扇骨传世,上有简单图案。王少杰将子安、金城扇骨书画刻在铜扇骨上,不仅精致典雅,且韵味十足。

椿草堂弟子段履青

王振德

段履青(1914—1969),原名钖云,世居北京,满族旗人。早年读过私塾,后就读于北京育英中学、励志中学。14 岁入椿草堂拜颜伯龙为师,随颜伯龙研习花鸟画达 14 年之久。1933 年经颜伯龙、姜世谟介绍,加入中国画学研究会。1935 年颜伯龙为其订笔润,在荣宝斋、铭泉阁等画店都挂了笔单,并帮助他在中山公园、北海公园等处举办画展,促使段履青成为职业画家。

新中国成立后段履青投入北京书画组织工作。1953 年担任北京市中国画研究会秘书,1956 年加入中国美术家协会。1959年调入河北美术师院(天津美院前身)任国画教师,所教花鸟画,形神兼备、笔墨灵动、设色秀润。尤擅画牡丹,故有"段牡丹"之称。曾与齐白石、陈半丁、于非闇、张其翼、王雪涛诸名家合画《和平颂》《红寿长春》《百卉傲霜》等巨幅花鸟画。

"文革"期间,他无故受到冲击,后归北京养病。病逝前仍念念不忘天津师友的情谊。

马三立"砸挂"解难题

孙福海

马三立生前住在天津市文化局的高知楼——河西区科艺里,居委会为他们服务得很好。马三立认为:咱不能光让人家给咱服务,于是也配合着街道大娘们去巡逻。戴着"治安巡逻"袖章,看见谁家的自行车没锁,便喊一嗓子:"哎!谁家的自行车?下楼锁车！""谁的窗户没关？睡觉关窗户。"

那天唱京剧的丁至云问马老:"巡逻都干嘛呀?""维护治安,逮流氓!""好! 我也去,等着我!"她上楼化妆去了。

带队的居委会主任有点儿不愿意,但得给丁老师留面子,怎么解决呢?旁边的人都挺为难。这时丁至云化完妆,穿得特漂亮,兴高采烈地下楼了:"马老,走,咱逮流氓去!"

马老说:"等会儿,你干什么去？"

"巡逻呀!"

"巡逻? 你知道我们干什么吗？"

"逮流氓! 我也逮流氓!"

"你回去吧!"

"为嘛让我回去?

"你打扮成这样儿——招流氓。"

这个"砸挂",不但大伙全笑了,连丁至云都乐着回去了:"缺德,马三立说我招流氓。"

用幽默化解尴尬,是相声演员的特点。下篇咱讲"侯宝林'砸挂'化违章"。

新凤霞最重天津乡情

姜维群

新凤霞晚年画画，很有乃师齐白石的遗风，看到天津老乡,看得出来,发自内心的高兴。每次到她家,她的第一句话肯定是"我们小老乡来啦"。声调透着欢快喜悦,让人从心里感到温暖,让人感觉名家没有架子,没有拒人千里之外。第一次见面我说喊您什么好呢？她爽快地说："叫我新阿姨，你是我小老师，我的稿你得仔细改。"的确，由于身体原因，她的字迹生涩有错别字，但不掩她独特的语言魅力。稿件编发后赢得读者一片喝彩。

标新立异王学仲

王振德

王学仲(1925—2013),名黾、学仲、夜泊,号黾翁,别署呼延夜泊,斋名已出楼,系天津大学教授、日本筑波大学客座教授。曾任中国书协副主席、中国文联名誉委员、中国诗词学会顾问、天津书协主席等职,是中国文联授予的造型艺术成就奖、兰亭杯书法终身成就奖和世界和平文化奖获得者。其平生著作宏富,有小说、散文、诗词、学术论文集,还有画集、书画集及《中国画学谱》《书法举要》等专著。世人将其合称为黾学,遂成一家之言。

王学仲生于西方文化涌入中国的时代,他却始终站在中国文化立场,主张"东学西渐,欧风汉骨",坚持"扬我国风,励我民魂,求我时尚,写我怀抱"的"四我论",在书画上标新立异,自辟蹊径,独成面目,引起世人惊愕与钦佩。

王学仲的隶书、行草和漆书很有特点。国画创作富于哲理,极有特色。诗词曲赋颇具意趣,造诣很高。论言语意见解独特,切中时弊。

侯宝林"砸挂"化违章

孙福海

侯宝林与天津有着特殊的感情,他总说:"我是天津观众捧红的,任何时候我都不能忘了天津。""文革"后他落实了政策,首场演出也选在了天津。

有一次,侯宝林又来天津,那时还没有高速公路。他坐着汽车进入天津界内，没想到，汽车超速了！这时，警察一扬手，把车拦下了。然后给司机敬礼，说："对不起！您超速了！出示驾驶证，罚款！"还没等司机说话，警察一抬头，看见里面坐着侯宝林。

"哟！这不是侯大师吗?！"

侯宝林马上从车上下来，说："是我，晚上在人民体育馆演出。"这位警察很客气，说："给我们天津演出？那一定是时间太紧，您老赶紧走，不罚啦！"

这时侯宝林对司机说："你看这天津人就是义气！"说着便从自己身上掏出钱，跟警察说："我是人大代表，应该带头执行法律法规，我交罚款。"这位警察说："不能要！"

侯宝林说："这钱我一定得交！要是因为我是侯宝林就可以不遵守法规！明儿我就抢银行去！"

这个"砸挂"让警察笑着把钱收啦，并连说："佩服！佩服！"

郑逸梅索要徐嘏龄印蜕

姜维群

笔者曾主编《今晚报》"翰墨苑"，约郑逸梅先生稿，经过几次信件往来，决定为郑逸梅专开一专栏，名叫"墨林赘话"，特别延请天津篆刻名家徐嘏龄刻随形印作栏头。没几天郑逸梅来信问，此印身手不凡，是哪位先生刊刻，能不能将印蜕寄我。于是笔者到徐嘏龄先生家，用宣纸打了两方印寄给郑逸梅。从这件小事可以看出，郑逸梅对任何好的艺术作品挂眼挂心还随时搜集，无怪乎文坛大家也。